상징으로 보는 세상

상징으로 보는 세상

김낭예 지음

창비

들어가며: 상징이 뭘까?

　여러분은 '대한민국' 하면 뭐가 떠오르나요? 태극기, 무궁화, 호랑이, 한글, 한복…… 대략 이런 것들이 떠오를 것입니다. 우리는 보통 이런 사물들이 대한민국을 '상징'한다고 말합니다. 나라를 상징하는 것만 있는 것은 아닙니다. 인터넷 포털 사이트에서 '상징'을 검색해 보면 다양한 주제의 이야기가 나오지요. '돌하르방은 제주의 상징', '조선 시대 소통의 상징 신문고' 등 '상징'이라는 말은 아주 일상적으로 쓰입니다. 그런데 상징은 대체 무슨 뜻일까요? 자주 사용하는 말이지만 막상 설명해 보라고 하면 똑떨어지게 말하기가 어렵습니다.

　표준국어대사전에서는 '상징'을 "추상적인 개념이나 사물을 구체적인 사물로 나타냄. 또는 그렇게 나타낸 표지標識·기호·물건

따위.”로 풀이하고 있습니다. 풀이를 읽어 보아도 여전히 아리송하지요? 상징象徵은 한자로 ‘코끼리 상象’ 자에 ‘부를 징徵’ 자를 씁니다. 글자 그대로 풀이하면 ‘코끼리로 부른다’ 정도가 되겠지요. 그럼 무엇을 코끼리로 부른다는 것일까요? ‘象’이라는 글자를 ‘코끼리’로 부르기로 한 것이겠지요.

코끼리는 한자가 만들어진 중국에서도 일부 지역에서만 볼 수 있는 동물이었습니다. 개나 말처럼 어느 지역에서나 흔히 볼 수 있는 다른 동물들에 비해 실제 모습을 구체적으로 떠올리기 어려운 상상 속의 동물이었던 것이지요. 그래서 코끼리를 아는 사람들이 코끼리의 긴 코와 큰 귀를 본뜬 글자를 만들어 코끼리를 모르는 사람들도 코끼리의 모습을 떠올릴 수 있도록 한 것입니다. ‘象’이라는 한자는 추상적이지만 거기에 구체적인 모양을 담아 사람들이 쉽게 이해하도록 한 것이지요. 그때부터 사람들은 ‘象’ 자를 보면 “아, 코끼리를 말하는 거구나!” 하고 그 글자에 담긴 의미를 떠올릴 수 있게 된 것입니다. 이로 미루어 추상적인 의미를 구체적인 모양을 갖춘 대상물로 나타내는 것을 상징이라고 하게 되었다고 추측할 수 있습니다.

상징의 또 다른 의미를 살펴볼까요? 상징은 영어로 ‘symbol’이라고 하는데, 이 단어는 그리스어 ‘symballein’과 ‘symbolon’에서 왔

습니다. 'symballein'은 '짝을 맞추다'는 뜻의 동사이고, 'symbolon'
은 '표상mark, 증표token, 기호sign'를 뜻하는 명사입니다. 어원을 살
펴보면 상징의 의미는 '짝을 맞출 수 있는 표상·증표·기호' 정도가
되겠지요. 즉, 상징은 하나의 물건을 둘로 나눈 것을 가리킵니다. 옛
날 그리스 사람들은 같은 신을 믿는 사람끼리 서로 알아보게 해 주
는 말이나 표시를 상징이라고 불렀습니다. 두 개로 나뉜 물건을 서
로 맞추어 보고 그것이 온전한 하나가 되면 '아, 이 사람도 나와 같
은 신을 믿는구나.' 생각했던 것이지요. 따라서 상징은 연합 또는 결
합의 의미를 갖습니다.

신라, 고구려, 백제의 역사를 기록한 『삼국사기』에서도 이와 비
슷한 상징 이야기를 찾을 수 있습니다. 바로 고구려 제2대 왕 유리
왕의 이야기입니다. 『삼국사기』 「고구려 본기」에는 유리가 아버지
주몽이 남기고 떠난 칼 조각을 들고 주몽을 찾아가는 이야기가 나
옵니다. 험난한 여정 끝에 유리는 주몽을 만나 칼 조각을 보여 주고
아들로 인정받았는데요, 이 칼 조각이 바로 상징이라 할 수 있습니
다. 유리가 주몽의 아들이라는 증표가 칼 조각에 담겨 있는 상징 의
미이고, 그 의미를 담은 물건이 바로 칼 조각인 것이지요. 요즘처럼
유전자 검사를 할 수 없으니 유리가 자신을 증명할 수 있는 방법은
자신이 태어나기 전 주몽이 남기고 간 칼 조각을 보여 주는 것 하나

밖에 없었을 테니까요.

상징 의미와 상징물의 관계가 이해되나요? 원래 하나였던 것이 둘로 나뉘었다가 다시 하나로 맞추어지는 과정에서 상징물에 부여했던 의미가 발휘되었다는 것으로 이해하면 되겠습니다.

상징과 관련한 현대적인 이론을 정립한 심리학자 카를 융은 상징을 "일상생활에서 사용되는 용어나 이름, 그림 등에 일반적이고 명백한 의미 외에도 특정한 속뜻이 담겨 있는 것"이라 하였습니다. 조금 쉽게 설명해 보겠습니다. 원래 하나였던 것이 둘로 나뉘었으니 처음에는 그 둘이 쉽게 맞춰질 수 있었겠지요. 유리와 주몽의 부러진 칼처럼요. 그런데 시간이 흐르면서 둘의 관계가 점점 희미해집니다. 그래서 이 물건이 왜 이런 의미를 갖게 되었는지 명확하게 알기 어려운 경우에 상징이 모호하다고 하는 것이지요.

상징은 문화의 산물입니다. 종교와 문학, 예술뿐만 아니라 우리의 일상생활에까지 다양한 모습으로 자리 잡고 있지요. 상징은 문화 공동체 안에서 생겨나 오랜 역사를 거치며 발달된 것이므로 같은 문화권에 있는 사람들은 굳이 설명하지 않아도 공통적인 상징을 자연스럽게 이해하고 사용할 수 있습니다. 문학 평론가 이어령은 상징을 "마음과 마음으로 이어 내려온 문화의 앙금"이라고 표현하였습니다. 그래서 어렵습니다. 상징은 특별히 배우지 않아도 살아가면서 자연스럽게 알게 되는 것이기 때문에 대부분의 사람들은 일상화된 상징의 의미와 유래를 잘 모르는 경우가 많습니다. 우리도 마찬가지입니다. 왜 돼지꿈을 꾸면 복권을 사지요? 왜 빨간색으로 이름을 쓰지 않으려 할까요? 모두 익숙한 이야기이지만 왜 그런지 분명하게 설명하기는 어렵습니다.

물론 시대의 변화에 따라 상징의 활용에도 많은 변화가 생겼습니다. 예전에는 아기가 태어나면 대문에 금줄을 치고 외부인의 출입을 막았지만 요즘에는 그렇게까지 하는 집은 드물지요. 그러나 지금도 여전히 아기가 태어나면 일정 기간 아주 가까운 가족 외에는 방문을 피합니다. 또 출산을 축하하며 금줄을 본뜬 조그마한 장식품을 선물하기도 하고, 아기들을 촬영할 때 소품으로 사용하기도 합니다. 상징 의미가 일상에 반영되는 모습은 달라졌지만 금줄의 의미라든가 금줄로 사용하는 새끼줄, 금줄에 다는 솔잎이나 숯, 고추 등에 담긴 의미 자체에는 변함이 없다고 볼 수 있지요.

그런데 이 장면을 한국 문화에 익숙하지 않은 외국인이 본다면 어떨까요? 왜 새끼줄에 솔잎이나 숯 등을 엮은 금줄 모형을 선물하는지, 자칫 위험할 수도 있는 이 물건을 왜 아기들의 기념사진 촬영에 사용하는지 이해하기 어렵겠지요. 아마 그 외국인은 한국에서 자신의 문화적 배경과는 다른 상징들이 사용되는 것을 보고 낯설다는 느낌과 함께 의문이 들 것입니다.

대한민국을 상징하는 것 중에서 으뜸으로 꼽히는 태극기에 대해서 이야기해 볼까요? 잘 알다시피 태극기는 흰색 바탕에 가운데 태극 문양과 네 모서리의 4괘로 구성되어 있습니다. 단순히 대한민국의 상징을 태극기라고 하는 것보다 빨강과 파랑의 태극 문양과 검정의 4괘가 뜻하는 바를 알면 우리 문화를 더 깊이 이해할 수 있을 텐데요, 태극기의 흰색 바탕은 순수와 평화, 태극은 음과 양을 상징합니다. 그 음과 양이 서로 조화를 이루면서 발전하는 모습을 나타낸 것이 4괘 즉 건곤감리乾坤坎離로, 각각 하늘, 땅, 물, 불을 상징합니다. 이처럼 태극기에는 우리 전통문화에서 생각하는 우주와 자연의 원리가 담겨 있습니다.

이러한 태극기의 상징 의미를 모른다면 대한민국이라는 나라를 잘 안다고 말하기 어렵겠지요. 우리가 다른 나라의 문화를 배울 때 '중국의 상징은 만리장성', '에스파냐의 상징은 투우', '네덜란드의 상징은 풍차' 등으로 그 나라를 대표하는 이미지나 세계적으로 알려져 있는 문화재만을 피상적으로 언급하면서 그 나라를 다 안다고 여기는 것과 마찬가지입니다.

흔히 미국 뉴욕의 상징으로 일컬어지는 '자유의 여신상'은 어떤가요? 자유의 여신상 자체를 하나의 상징물로 보는 견해도 있지만

이 책에서는 자유의 여신상을 상징이 아니라 대표적인 이미지로 봅니다. 자유의 여신상이 들고 있는 '횃불'과 여신상 머리에 씌워진 '관'을 상징으로 보는 것이지요.

이렇게 다양한 이야기를 담고 있는 상징을 잘 모른다면 문화권이 다른 사람들 사이에는 오해가 생길 수도 있습니다. 결국 상징을 알아야 서로의 문화를 더 잘 이해하고 의사소통을 제대로 할 수 있습니다. '아는 만큼 보인다'는 말처럼 상징을 알면 알수록 세계와 문화, 인간을 이해하는 시야도 넓고 깊어질 것입니다.

이제 우리를 둘러싸고 있는 수많은 상징의 세계로 함께 들어가 볼까요?

2023년 2월

김낭예

차례

4부 어떤 상징이 같고 다를까?

5부 가장 ○○한 상징은 뭘까?

1부

왜
이런
상징이?

천둥의 신 토르는
왜 망치를 휘두를까?

마블 스튜디오의 영화 좋아하세요? 아이언맨, 헐크, 토르, 캡틴 아메리카, 스파이더맨, 캡틴 마블 등 다양한 영웅이 나오는 마블 스튜디오의 영화는 세계적인 팬덤을 보유하고 있습니다. 다음 시리즈가 제작된다는 소식만으로도 팬들은 열광하고 개봉일에 맞춰 영화를 관람합니다. 스토리가 탄탄하고 영상이 화려해서 팬이 아닌 사람들도 마블 스튜디오의 영화를 많이 보는 편이지요. 영화 속의 영웅들을 본뜬 각종 캐릭터 상품은 인기리에 판매되기도 하고요. 마블 스튜디오의 영화는 어느덧 우리의 일상과 떼려야 뗄 수 없는 문화가 된 듯합니다.

마블 영화의 영웅 중에서도 토르를 좋아하는 사람이 참 많지요. 토르는 원래 북유럽 신화의 최고신 오딘의 아들로, 힘이 아주 센 천둥의 신입니다. 옛날 북유럽 사람들은 토르가 마차를 타고 하늘을 달리면 천둥이 치고, 묠니르를 세게 내던지면 번개가 친다고 생각했습니다. 혹시 영화에서 묠니르를 본 적이 있나요? 묠니르는 토르가 항상 들고 다니는 망치로, 어디로 던지든 목표물을 정확히 따라가 맞히고 나서 부메랑처럼 토르의 손으로 되돌아옵니다. 보통 사람은 물론, 영웅들조차 제대로 들지 못하는 엄청난 무게의 망치를 가볍게 휘두르는 토르의 모습은 정말 대단해 보입니다.

그런데 왜 망치일까요? 천둥의 신이라면 천둥이나 번개를 이용하여 만든 무기를 들고 다닐 것 같은데 말이지요. 이유는 망치가 가진 강력한 힘에 있습니다. 망치는 단단한 물건을 힘껏 내리칠 때 사용하는 도구입니다. 돌도 깨뜨리고 쇠도 부러뜨릴 수 있기 때문에 사람들은 망치를 떠올리면 자연스럽게 강력한 힘을 연상하게 됩니다. 그래서인지 옛날 북유럽 사람들은 망치가 강력한 하늘의 힘을 나타내는 천둥과 번개를 상징한다고 생각했습니다.

토르 말고도 망치를 쓰는 신이 또 있을까요? 물론 있습니다. 중국 고대 신화에 나오는 반고입니다. 반고는 천지개벽 후에 처음으로 세상에 나왔다는 전설상의 천자天子인데, 하늘을 만들 때 망치를 썼다고 합니다. 이런 연유로 망치의 강력한 힘이 악과 어둠을 물리치는 능력과 왕권까지 상징하게 되었지요. 그리스 신화 속 대장장이의 신 헤파이스토스도 망치를 사용했습니다. 불의 신이기도 한 헤파이스토스는 손재주가 좋아 불과 온갖 금속을 잘 다루었는데요, 각종 무기는 물론이고 눈에 보이지 않는 쇠그물과 절대 끊어지지 않는 쇠사슬까지 만들어 냈습니다. 아킬레우스에게 만들어 준 갑옷과 방패는 그야말로 천하무적이었지요. 헤파이스토스의 망치는 신의 능력을 발휘하는 도구로서 기술, 공예, 장인을 상징합니다.

고대 신화에 나오는 신들은 망치뿐 아니라 자신의 강력한 힘을 상징적으로 보여 주는 물건을 지니는 경우가 많습니다. 대표적인 것으로 그리스 신화의 최고신 제우스의 번개와 바다의 신 포세이돈의 삼지창을 들 수 있습니다. 옛날 그리스 사람들은 제우스가 노하면 번개를 던지기 때문에 하늘에서 천둥과 번개가 친다고 생각했습니다. 토르의 이야기와 비슷하지요? 결국 제우스의 번개와 토르의 묠니르는 동일한 상징성을 지닌다고 볼 수 있습니다. 제우스에 버금가는 강한 신인 포세이돈의 삼지창도 이와 비슷한 상징성을 가집니다. 포세이돈이 가지고 다니는 삼지창은 외눈박이 거인족 키클롭스 형제가 공들여 만든 무기로, 지진과 폭풍을 일으킬 수 있습니다. 바다를 다스리는 포세이돈의 막강한 힘을 상징하는 것이지요.

인도 신화에 나오는 전쟁의 신 인드라는 싸움을 좋아하는 귀신인 아수라를 물리치기 위해 바즈라를 사용하는데요, 이 바즈라는 무엇이든 부술 수 있을 만큼 강력한 무기라고 합니다. 바즈라는 금강저라고도 부르는데, 귀신을 물리치는 무기이므로 광석 중 가장 단단한 다이아몬드, 즉 금강석을 이름에 붙인 것이지요. 인드라는 시간이 지나 불교에 수용되면서 불교의 수호신 제석천이 되었고, 바즈라는 승려들이 속세의 번뇌를 깨뜨리고 수행하는 데 쓰는 법구法具가 되었습니다. 금강저는 지금도 동아시아의 대중문화에 녹아 있습니다. 웹툰이나 게임 속의 캐릭터가 사용하는 무기나 기술 등에서 금강저를 어렵지 않게 찾아볼 수 있지요.

승려들이 불도를 닦는 데 쓰는 바즈라

이번에는 조금 다른 망치 이야기를 해 보겠습니다. '돌잡이'라는 말을 들어 보았나요? 아기의 첫 생일에 상을 차리고 그 위에 여러 물건을 올린 뒤 아기가 무엇을 집는지 보아 미래를 짐작해 보는 풍속이지요. 흔히 실, 돈, 쌀, 연필, 책, 국수 따위를 차리는데, 아기가 자라 법관이 되길 바라며 나무망치 모양의 법봉을 올려놓기도 합니다. 그런데 우리나라 법정에서는 법봉이 사라진 지 이미 오래되었다는 것, 알고 있나요? 사법부는 권위적인 이미지를 벗기 위해 1966년 이후 법봉을 없앴다고 합니다. 그럼에도 법봉은 법의 힘을 상징하는 망치로 지금까지 기억되고 있지요.

법봉과 비슷한 것으로 의사봉도 있습니다. 의사봉은 국회 등 의결 기관의 장이 회의를 진행할 때 사용하는 나무망치입니다. 법안이 통과될 때 의장이 의사봉을 두드리는 장면을 뉴스에서 한 번쯤은 본 적이 있지요? 이때의 망치는 토르의 묠니르처럼 물리적인 힘을 나타내지는 않지만 법치 사회에서 무엇을 결정하고 규정한다는 의미에서 권위와 힘을 상징합니다.

망치는 우리 주변에서 흔히 볼 수 있는 일상 도구입니다. 하지만 망치에 이토록 다양한 이야기가 숨어 있는 줄은 미처 몰랐을 것입니다. 다른 사물에는 또 어떤 이야기들이 담겨 있을까요?

사람을 살리는 구급차에
왜 뱀이 있을까?

　길을 가다 보면 사이렌을 울리며 구급차가 지나가는 것을 종종 볼 수 있습니다. 급박한 사이렌 소리를 들으면 무슨 일인가 나도 모르게 걱정부터 되지요. 그런데 구급차를 자세히 보면 지팡이를 감고 올라가는 뱀이 그려져 있는 것을 알 수 있습니다. 사람을 살리기 위해 달려가는 구급차에 왜 사람을 죽일 수도 있는 위험한 뱀이 그려져 있을까요?

　뱀은 일반적으로 부정적인 이미지로 여겨집니다. 특히 최초의 인류를 유혹하여 계율을 어기도록 했다는 이유로 기독교에서는 악마를 상징하지요. 인류의 시조 아담과 하와는 지상 낙원 에덴동산에

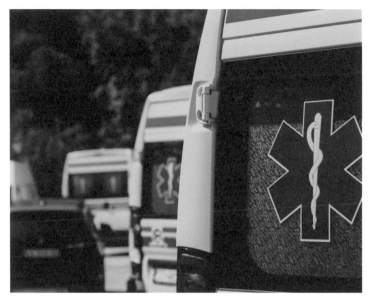

뱀이 그려진 구급차

서 살고 있었습니다. 이들에게는 선악을 알게 하는 나무의 열매인 선악과善惡果를 절대 먹으면 안 된다는 금기 사항이 있었습니다. 하지만 뱀의 꼬드김에 넘어가 선악과를 따 먹음으로써 결국 에덴동산에서 쫓겨나게 됩니다. 이때부터 뱀은 악마, 교활함, 유혹을 상징하게 되었지요.

　그리스 신화에는 머리카락이 뱀으로 되어 있는 메두사가 등장합니다. 원래는 아름다운 여성이었으나 신의 저주를 받아 괴물로 변한 메두사는 자신과 눈을 마주친 사람을 모두 돌로 만드는데요, 이때의 뱀은 죽음과 공포를 상징합니다. 실제로 코브라의 맹독은 사람은 물론 코끼리같이 덩치 큰 동물도 죽일 수 있다고 하니 확실히 뱀은 공포스럽고 부정적인 것을 상징하는 듯싶습니다.

그러나 뱀을 긍정적으로 그린 이야기도 있습니다. 그리스 신화 속 최초의 예언자로 알려진 멜람푸스의 이야기를 살펴볼까요? 멜람푸스의 집 앞에는 참나무가 한 그루 있었는데 그 둥치 속에 살던 뱀을 하인들이 잡아 죽였습니다. 멜람푸스는 뱀을 화장해 주고 어미를 잃은 새끼 뱀들을 거두어 잘 돌봐 주었습니다. 이 뱀들이 자란 후 어느 날 참나무 아래에서 자고 있는 멜람푸스의 귀를 핥아 주는데, 이때부터 멜람푸스는 동물들의 말을 알아듣고 미래를 예견할 수 있게 되었다고 합니다.

멜람푸스의 후손인 폴뤼이도스도 예언자로 명성을 떨쳤습니다. 폴뤼이도스는 조상이 뱀에게서 예언 능력을 얻었다는 사실을 알고 뱀을 잘 보살폈고, 그 역시 홍수에 떠내려가던 독사를 구해 주기도 하지요. 폴뤼이도스가 미궁으로 유명한 미노스 왕국에 머물 때입니다. 미궁에 들어간 왕자를 찾아 달라는 왕의 부탁을 받고 폴뤼이도스는 미궁으로 들어가 꿀 항아리에 거꾸로 빠져 죽은 왕자를 찾아내지만, 왕자를 살려 내라는 명령을 거부하여 돌무덤에 갇히고 말지요. 그때 독사 한 마리가 폴뤼이도스의 발뒤꿈치를 물고 사라집니다. 고통 속에서 죽음을 기다리는 그에게 뱀이 다시 돌아와 상처 부위에 약초를 문지르자 통증이 사라졌습니다. 폴뤼이도스가 혹시나 하고 그 약초로 왕자의 주검을 문질러 보자 왕자도 살아납니다. 이 이야기에서 뱀은 폴뤼이도스를 죽일 뻔하기도 하고 살리기도 하는데요, 이와 같은 뱀의 이중적 특성에서 옛날 그리스 사람들은 죽음과 부활 또는 재생이라는 상반되는 상징을 읽어 냈습니다.

그럼 우리 조상들은 뱀을 어떻게 보았을까요? 우리나라 민속 신앙에서 뱀은 '업'이라고도 합니다. 표준국어대사전에 따르면 '업'은 "한집안의 살림을 보호하거나 보살펴 준다고 하는 동물이나 사람."을 의미하는데, 우리 조상들은 이를 집을 지켜 주는 신처럼 여겨 업이 집에서 나가면 집안이 망한다고 생각했습니다. 이때의 뱀은 보통 구렁이를 말하는데, 구렁이가 풍요를 상징하기 때문입니다. 알을 많이 낳는 뱀의 특성은 다산을 상징하는데, 우리 조상들은 이를 풍요로 연결 지은 것입니다.

6·25 전쟁을 배경으로 한 윤흥길의 소설 「장마」를 보면 우리 조상들이 구렁이를 어떻게 생각했는지 알 수 있습니다. 주인공의 외삼촌은 국군, 친삼촌은 빨치산이었습니다. 그러니 외할머니와 친할머니의 사이가 좋을 리 없겠지요. 어느 날 외삼촌이 전사했다는 소

식이 전해지자 외할머니는 아들의 죽음이 빨치산 탓이라며 원망과 저주를 퍼붓고, 산속에서 숨어 지내는 빨치산 아들이 무사히 돌아오기만을 바라던 친할머니는 그런 외할머니와 대립하게 되지요. 아들의 소식을 간절히 기다리던 친할머니는 점쟁이를 찾아가고, 점쟁이가 아들이 집에 올 거라고 했던 날 음식을 장만하고 기다리는데 커다란 구렁이 한 마리가 집 안으로 들어옵니다. 그 모습을 보고 친할머니는 정신을 잃고 쓰러지고, 대신 외할머니가 감나무에 올라앉은 구렁이를 달래어 보냅니다. 친할머니와 외할머니 모두 친삼촌이 죽어서 구렁이로 환생하여 집을 찾아온 것이라 생각했던 것이지요. 뱀을 신성시하고 귀하게 대했던 우리의 옛 풍속이 잘 드러난 장면이라고 할 수 있습니다.

다시 구급차로 돌아가 볼까요? 구급차에 그려진 뱀과 지팡이는 그리스 신화 속의 태양신 아폴론의 아들이자 의술의 신인 아스클레피오스의 것입니다. 아스클레피오스는 죽은 사람도 살려 낸다는 명의였고 의술을 가르치는 학교를 세운 교육자였습니다. 의사들의 윤리 강령인 '히포크라테스 선서'로 유명한 히포크라테스도 아스클레피오스가 세운 의술 학교 출신이지요.

아스클레피오스의 학교는 병원이면서 신전이기도 합니다. 여기서 아스클레피오스를 모시던 사제들이 뱀을 길렀다고 하는데요, 왜

아스클레피오스와 그의 지팡이

뱀이었을까요? 뱀을 아스클레피오스의 사자使者로 여겼기 때문입니다. 땅속으로도 다니고 땅 위에서도 움직이는 뱀을 보고 옛날 그리스 사람들은 뱀이 지상과 지하, 즉 하늘과 땅을 중재하는 역할을 한다고 생각했습니다. 그래서 아스클레피오스의 조각상은 보통 그가 지팡이를 하나 들고 있고, 뱀 한 마리가 지팡이를 휘감고 올라가는 모습으로 만들어집니다. 하늘과 땅을 중재하는 뱀과 사람들의 생사에 관여하는 의술의 신이라니, 참 잘 어울리지요? 뱀이 지팡이를 감고 올라가는 상징은 현재 세계 보건 기구의 마크에도 사용되고 있습니다. 아스클레피오스의 상징이 의학의 상징으로 확장된 것이지요.

두 마리의 뱀이 휘감긴 지팡이도 있습니다. 그리스 신화 속 전령의 신 헤르메스의 지팡이로 알려진 카두세우스입니다. 지팡이에 달린 날개는 신들의 말을 빠르게 전하는 헤르메스의 역할을 상징하고, 지팡이를 감아 올라가는 두 마리의 뱀은 치유와 독, 건강과 질병 등 대립하는 두 힘을 나타냅니다. 헤르메스는 이 지팡이를 이용해 사람들을 잠들게 하여 죽은 자를 조용히 저승으로 데려가기도 하고, 아픈 사람을 치유해 주기도 합니다.

카두세우스가 게임에서 무기로 사용된다는 것도 많이들 알 거예요. 오버워치의 메인 서포터 중 하나인 메르시가 카두세우스를 사용하는데요, 이 지팡이에서 나오는 노란색 광선은 아군의 체력을 회복해 주고, 파란색 광선은 공격력을 높여 줍니다. 또 아군을 부활시킬 수도 있으니 메르시에게 잘 어울리는 무기이지요.

예전에 시골길을 가다 보면 뱀이나 뱀이 벗어 놓은 허물을 자주 볼 수 있었는데요, 요즘에는 도시화가 진행되면서 뱀을 직접 보기는 어려워졌습니다. 하지만 뱀이 상징하는 바는 신화에도, 종교에도, 구급차에도 녹아 있습니다. 앞에서 언급하지는 않았지만 제 꼬리를 집어삼키는 뱀 우로보로스는 무한대를 상징하는 이미지로 타투에 쓰이기도 하고, 액세서리의 디자인에도 응용됩니다.

앞으로 구급차를 보면 아스클레피오스의 지팡이와 함께 치유와 재생의 상징으로서 뱀이 떠오르겠지요. 최초의 인류를 유혹해 타락하게 만든 악의 상징이자 보기만 해도 사람을 돌로 만들어 버리는 죽음의 상징으로 생각했던 뱀의 다양한 상징 의미를 떠올려 본다면 세상이 한결 더 다채롭게 보일 것입니다.

잠이 안 올 때
왜 양을 셀까?

여러분은 잠이 안 올 때 어떻게 하나요? 요새는 비 내리는 소리를 듣는다거나 모닥불이 타오르는 영상을 보기도 하고, 따뜻한 차를 마시거나 좋아하는 향초를 태우기도 하지요. 혹시 눈을 감고 누워 양 한 마리, 양 두 마리, 양 세 마리…… 이렇게 양을 세어 본 적도 있나요? 어릴 때 잠이 안 와서 뒤척이면 양을 세어 보라고 하는 말을 들어 본 적이 있을 거예요. 그런데 왜 하고많은 동물 중에서 양을 세게 되었을까요? 일반적으로는 영어 단어 sheep양과 sleep잠의 발음이 비슷해서 이러한 관습이 생겼다는 이야기가 있습니다. 또 양을 세는 단조롭고 지루한 반복 행동이 잡념을 없애 주기 때문에 잠이 잘 오게 된다는 과학적인 설명도 있지요. 그래도 왜 양일까 하는 의문이 확 풀리지는 않습니다.

문학 작품에도 양을 세는 이야기가 등장합니다. 에스파냐의 중세 교훈담집 『수도사를 위한 지침서』에는 온갖 걱정으로 잠을 못 자는 왕에게 양을 세는 이야기를 들려주어 잠이 들게 했다는 이야기꾼이 등장합니다. 이 책은 주로 이슬람 문화에서 전해지는 이야기를 기록한 것이라고 하니, 잠이 안 올 때 양을 세는 것은 옛 이슬람 문화권에 널리 퍼져 있던 관습이라 추측할 수 있습니다. 미겔 데 세르반테스의 소설 『돈키호테』에도 산초가 돈키호테를 잠들게 하려고 이야기를 들려주면서 "양 한 마리, 그다음에 한 마리, 다시 또 한 마리……" 하며 양을 세는 대목이 나옵니다. 돈키호테는 양보다 염소를 세는 것을 즐겼지만요.

양 하면 떠오르는 장면이 있지요? 푸른 초원에서 평화롭게 풀을 뜯고 있는 양 떼를 떠올리면 어느새 마음이 편안해집니다. 양털의 푹신함과 포근함도 느껴지는 것 같고요. 아마도 이러한 이유에서 양을 세다 보면 저절로 잠이 드는 것이 아닐까 생각해 봅니다.

우리나라에는 양 꿈을 꾸면 왕이 된다는 이야기가 있습니다. 이성계가 초야에 묻혀 지내던 시절 양 꿈을 꾸고 왕이 되었다는 이야기입니다. 이성계가 꿈에서 양을 잡으려고 했는데 양의 뿔과 꼬리가 빠져 놓쳐 버리고 말았다고 합니다. 이성계는 가깝게 지내던 무학 대사에게 꿈 이야기를 했지요. 그러자 무학 대사는 이성계가 왕이 될 것이라는 예언을 합니다. 양을 잡은 것도 아니고 놓친 것인데 왕이 될 꿈이라니요? 이성계가 이상하게 여기자 무학 대사가 꿈을 풀어 줍니다. '양羊'에서 뿔과 꼬리가 떨어졌으니 '왕王'이 된다는 것이지요. 이후 양 꿈은 길몽으로 해석된다고 합니다.

그런데 원래 양은 한반도에서는 보기 어려운 동물이었습니다. 초원도 별로 없고 기후도 맞지 않기 때문이지요. 양은 우리와 같은 농경 문화보다는 유목 문화에 더 적합한 동물입니다. 가축으로 기르려다 실패했다는 옛 기록이 남아 있기도 하지요. 산과 험한 지형이 많은 우리나라에서는 양보다 염소가 더 친숙합니다. 그런데도 양은 열두 띠 동물의 하나로 당당히 자리 잡고 있습니다. 물론 중국에서 기원한 열두 띠 동물을 받아들였기 때문이기도 합니다만, 양이 우리 민족 정서에 부합하는 면을 지녔기에 친숙하게 받아들여진 것이지요. 우리나라 민속에서 양은 '정직'과 '평화'를 상징합니다. 양이 천성적으로 온순한 심성을 지녔다고 본 것이지요. 게다가 양은 반드시 갔던 길로만 되돌아오는 특성이 있다고 하는데요, 우리 조상들은 이를 정직성과 연결하여 생각했습니다. 그래서 양의 온순함과 정직성을 닮은 양띠는 부자가 못 된다는 속설도 있지요.

양이 우리나라에 들어온 것은 고려 시대입니다. 나라에서 제사를 지낼 때 제물로 사용하기 위해 중국 금나라에서 수입했다고 합니다. 제물로 사용되는 동물은 복을 가져다주는 신성한 존재로 여겨집니다. 양도 그런 귀한 동물이었는데요, 그래서인지 '상서로울 상祥' 자에도 양羊이 들어가 있지요. 양이 복을 불러들이는 동물이라는 의미는 다른 한자에서도 확인할 수 있습니다. 이를테면 '아름다울 미美'는 '양羊'과 '클 대大'라는 글자가 결합하여 만들어진 것이고, '착할 선善'과 '옳을 의義'에도 양이 들어 있습니다.

서양에서는 어떨까요? 양은 성경에 가장 많이 등장하는 동물입니다. '희생양', '속죄양'이라는 표현은 현대에 와서 비유적인 의미로 쓰이지만 원래는 기독교 문화에서 사람의 죄를 대신하여 희생되는 제물로서의 양을 뜻했습니다.

이스라엘 민족이 이집트에서 탈출한 것을 기념하는 날인 유월절의 유래에도 양이 등장합니다. 당시 이스라엘 민족은 이집트에서 노예 생활을 하고 있었는데 신의 계시를 받은 모세가 이들을 이끌고 탈출하려 합니다. 하지만 이집트의 왕은 허락하지 않지요. 이후 이집트에는 열 가지 재앙이 나타나는데, 마지막 재앙은 각 집의 첫째 아들이 모두 죽는 것이었습니다. 이 재앙을 피하려면 어린 양의 피를 문에 발라야 했지요. 신의 말을 믿었던 이스라엘 사람들은 재

길 잃은 어린 양과 예수님

앙을 피할 수 있었지만 이를 믿지 않았던 이집트 사람들은 모두 첫째 아들을 잃고 맙니다. 이집트의 왕도 이 재앙으로 귀하디 귀한 첫째 아들을 잃었는데요, 그때서야 이스라엘 민족이 이집트를 떠날 수 있게 해 줍니다.

기독교에서는 예수님을 '흠 없는 어린 양'으로 여깁니다. 「요한복음」에서는 예수님을 가리켜 "세상 죄를 지고 가는 주님의 어린 양"이라고 표현합니다. 또한 예수님은 양들을 이끄는 '선한 목자'로 여겨지기도 합니다. 이때의 양은 예수님의 열두 제자나 예수님을 믿고 따르는 사람들을 의미합니다. 오늘날에는 방향을 잡지 못하고 헤매는 이들을 가리켜 '길 잃은 어린 양'이라는 표현을 쓰지요.

고대 이스라엘에서는 양이 곧 재산을 의미하기도 했습니다. 양이 새끼를 많이 낳아서 그 수가 불어나면 부자가 될 수 있었지요. 귀한 손님을 대접할 때는 양고기를 내놓는 관습이 있기도 했는데요, 이처럼 기독교 문화권에서 양은 종교나 일상생활에서 모두 중요한 동물이었습니다.

동양에서는 행운을 가져다주는 길상의 상징으로서 좋은 뜻의 한자에 두루 쓰이고, 서양에서는 희생의 상징이자 예수님과 그를 따르는 이들을 상징하는 양. 동서양의 양이 상징하는 바는 우리가 생각하는 것보다 훨씬 더 비슷합니다. 두 양이 순수함과 신성함이라는 상징 의미에서 만나기 때문인데요, 멀게만 느껴지던 두 세계가 조금은 가깝게 느껴지지 않나요? 비슷한 상징을 통해 동양과 서양, 유교 문화와 기독교 문화 사이의 거리를 좁혀 보는 기회가 되었기를 바랍니다.

최초의 흑인 여성 부통령은
왜 흰옷을 입었을까?

2020년 미국 대통령 선거에서 조 바이든 전 부통령이 대통령으로 당선되었습니다. 그런데 바이든만큼 주목을 받은 사람이 또 있습니다. 바로 흑인 여성으로는 최초로 부통령이 된 카멀라 해리스입니다. 해리스 부통령은 민주당의 대통령 선거 승리 연설에서 이민자이자 여성으로서 자신이 진 빚을 미래 세대와의 연대로 갚아 나가겠다는 말을 하였습니다. 언론과 대중은 그의 연설 내용에도 깊은 인상을 받았지만 연설 당시 입은 흰색 정장에도 관심을 보였습니다. 정치인의 의상에는 중요한 의미가 숨겨져 있다고들 말하는데요, 그날 해리스 부통령은 왜 흰옷을 입었을까요?

흰옷은 여성 참정권을 상징하는데, 이는 20세기 초 여성 참정권 운동가들이 흰옷을 입은 데에서 유래합니다. 여성 참정권 운동가들은 '서프러제트suffragette'라고 불렸는데, 이 단어는 참정권을 의미하는 '서프러지suffrage'에 여성을 뜻하는 접미사 '-ette'가 붙은 것입니다. 여성 참정권 운동가들이 주로 입었던 흰옷은 남성들이 결혼식이나 시상식 등 중요한 자리에서 입는 검은색 정장과 대조됩니다. 그들의 흰옷은 '서프러제트 화이트suffragette white'로 불렸고, 이것이 여성 참정권과 여성의 권리를 상징하게 된 것이지요. 해리스 부통

흰옷을 입은 미국의 여성 참정권 운동가들

령의 흰색 정장은 이러한 메시지를 전달하는 상징물로서 상징이 지닌 힘을 효과적으로 보여 준 사례라고 할 수 있습니다.

흰색은 여성 참정권 외에도 서양 문화에서 다양한 상징으로 활용되어 왔습니다. 대표적인 예로 순수와 순결함을 상징하는 웨딩드레스를 들 수 있지요. 같은 의미로 교황이나 목사 등 성직자들의 예복도 흰색인 경우가 많습니다. 또 위생과 청결을 상징하여 의사와 요리사의 가운도 흰색이 대부분이고, 여기서 깨끗함의 의미가 확장되어 비누, 이불, 속옷, 욕조 등에도 사용되지요. 평화의 의미를 담아 항복할 때는 백기를 들기도 합니다. 흰색은 또 지성이나 정신을 의미하기도 하는데요, 이것은 사무직 종사자를 이르는 말인 '화이트칼라white collar'에서 찾아볼 수 있습니다.

그렇다면 우리 전통문화에서 흰색은 무엇을 상징할까요? 옛말에서는 '희다'를 '히다'로 표기했는데 '히'는 해, 즉 태양을 의미합니다. 그래서 흰색은 기본적으로 밝음과 깨끗함을 상징합니다. '백의민족'이라는 표현을 들어 본 적 있지요? '흰옷을 입은 민족'이라는 뜻으로 우리 민족을 이르는 말인데요, 예로부터 우리 민족이 순수함과 순결함을 상징하는 흰옷을 즐겨 입은 데에서 유래합니다. 이때의 흰색은 자연 그대로의 색, 무색無色입니다. 우리 조상들은 자연을 거스르지 않고 순리대로 사는 것을 올바른 삶이라 믿었기 때문에 있는 그대로의 색을 지닌 옷을 입은 것이지요. 아기가 태어나 건강하게 백일이나 돌을 맞았을 때 상에 놓는 백설기도 흰색인데, 이것은 티 없이 깨끗하고 신성한 음식으로 아기의 무병장수를 기원하는 것입니다. 태극기의 바탕 역시 흰색입니다.

흰색 동물은 길조, 즉 좋은 일이 있을 조짐으로 표현된 경우가 많습니다. 우리 조상들은 흰 사슴이나 흰 뱀이 나타나면 상서로운 일이나 좋은 일이 생긴다고 여겼습니다. 『삼국사기』에는 흰 사슴을 잡은 백성들이 이를 왕에게 진상했다는 내용이 많이 기록되어 있습니다. 특히 고구려의 태조왕은 흰 사슴을 잡은 후 큰 잔치를 베풀어 신하들에게 선물을 하사하고 그들의 공적을 바위에 새겼을 정도로 흰 사슴을 특별한 존재로 여겼습니다. 또 신라 시대에는 각 지역에서 왕에게 흰 꿩을 진상했다는 기록이 있어 흰 꿩 역시 길조로 여겼다는 것을 알 수 있습니다. 흰 매도 신의 뜻을 전하는 귀한 새로 여겨 왕에게 진상하였고, 백제에서 신라의 왕에게 흰 매를 보냈다는 기록도 있습니다.

흰 동물은 왕의 탄생과도 연결됩니다. 『삼국유사』에는 한 우물가에 이상한 기운이 흐르고 흰말 한 마리가 무릎을 꿇고 절하는 시늉을 하고 있어 사람들이 살펴보니 말은 사라지고 큰 알만 하나 남아 있었다는 기록이 있습니다. 바로 이 알에서 신라를 세운 박혁거세가 탄생하지요. 신라 김씨 왕족의 시조인 김알지는 황금 궤짝에서 태어났다고 하는데, 그가 태어날 때 흰 닭이 나무 아래에서 울고 있었다고 합니다. 이렇게 흰 동물을 신성하게 여기는 문화는 다른 나라에서도 찾아볼 수 있습니다. 인도네시아의 발리에는 흰 뱀을 모시는 사원이 따로 있다고 하는데, 이렇듯 흰색의 밝고 깨끗함이 긍정의 상징으로 사용되는 경우가 다른 문화에서도 나타납니다.

조금 다른 관점으로 흰색을 바라보겠습니다. 음양오행이라는 개념을 들어 본 적이 있나요? 동양에서는 음陰과 양陽이 생겨나 땅과 하늘이 되고, 여기서 우주 만물을 이루는 원소인 금金, 수水, 목木, 화火, 토土의 오행五行이 생겨나 이들의 조화에 따라 우주가 움직인다고 여겼습니다. 이 다섯 원소는 저마다 고유한 색과 방향, 계절을 상징합니다.

흰색은 금金이자 쇠, 서쪽과 가을을 의미합니다. 그래서 노년, 죽음, 상복의 색이기도 합니다. 동쪽에서 떠올랐던 해가 서쪽으로 저무는 것은 사람이 태어나 늙는 것과 연결됩니다. 시간이 흐르면 사람은 결국 죽게 되지요. 또 해가 떠올라 만물이 생장하는 계절이 봄이라면 해가 저물어 잎이 떨어지고 시들게 되는 계절은 가을이지요. 이러한 연결 고리를 통해 흰색은 서쪽과 가을, 더 나아가 죽음과 상복을 의미하게 됩니다.

금(金)	수(水)	목(木)	화(火)	토(土)
쇠	물	나무	불	흙
흰색	검은색	푸른색	붉은색	노란색
서쪽	북쪽	동쪽	남쪽	중앙
가을	겨울	봄	여름	-

오행과 연결된 요소

왕이 죽었을 때 신하들이 흰 관복을 입는 장면을 사극에서 본 적이 있지요? 요즘에는 장례식 때 대부분 검은 옷을 입지만 전통적으로는 흰 상복을 입었습니다. 흰 상복은 두 가지 의미로 해석할 수 있습니다. 하나는 죽은 이에 대한 예를 갖추기 위한 것입니다. 죽은 이를 떠나보낸 죄인인 상주가 화려한 옷을 입는 것은 도리가 아니라고 생각했던 것이지요. 다른 하나는 밝은 흰색으로 저승길을 밝혀준다는 의미가 있습니다. 흰옷을 불빛 삼아 돌아가신 분이 좋은 곳으로 가기를 바라는 마음을 담은 것이지요.

흰 상복을 입는 것은 중국과 일본도 마찬가지였는데, 일본은 근대화 이후 검정 상복을 주로 입게 되었습니다. 1897년 메이지 천황의 어머니가 사망하자 일본 정부에서 전국에 유럽식 상복을 입도록 공시한 뒤로 검은색 정장에 가문의 문양을 넣은 일본식 예복인 몬

츠키紋付가 나라가 인정하는 정식 상복이 되었습니다. 그래도 지방에서는 흰 상복을 입었는데, 태평양 전쟁 이후 검은 상복이 널리 자리 잡게 되었습니다. 전쟁에서 죽은 사람이 너무 많아 상복을 대여해 주는 업자들이 생겼는데 주로 검은 상복을 대여하면서 흰 상복이 점차 자취를 감추게 된 것이지요. 장례식이 워낙 많았기 때문에 흰색처럼 더러워지기 쉬운 색은 아무래도 꺼리게 되었다는 까닭도 있습니다. 최근에는 우리나라에서도 실용적으로 검은 상복을 입지만 상중인 여성들이 머리에 흰 리본을 달곤 하지요. 전통적인 애도의 색으로서 흰색의 상징이 이어지고 있다고 할 수 있겠습니다.

'백지白紙'에는 단순히 '흰 종이'의 뜻만이 아니라 "아무것도 적지 않은 비어 있는 종이.", "어떠한 대상에 대하여 아무것도 모르는 상태." 등의 뜻도 있습니다. 이러한 의미처럼 흰색은 아무 내용도 없는 텅 빈 색깔처럼 보입니다. 그러나 앞서 살펴보았듯이 흰색에는 수많은 상징 의미가 담겨 있습니다. 이러한 상징을 이해하고 기억하는 것만으로도 세상을 더 깊고 넓게 들여다볼 수 있을 것입니다.

쥐띠 해에 태어난 사람은
왜 부자가 된다고 할까?

여러분은 무슨 띠인가요? 예전에는 상대방의 나이를 알고 싶을 때 띠를 묻는 것이 의례적이었는데 요즘에는 그렇지 않은 것 같습니다. 시대가 바뀌면서 띠에 대한 대중의 생각도 바뀌긴 했지만 새해를 맞을 때마다 올해가 어떤 동물의 해인지는 여전히 사람들의 주요 관심사입니다. 사람들은 올해의 동물이 상징하는 좋은 기운을 받아 행복한 한 해를 기원하고, 이를 각종 마케팅에도 적극 활용합니다. 만약 이번 해가 쥐띠 해라면 쥐와 관련된 다양한 상품들을 개발하는 식이지요.

띠는 사람이 태어난 해를 동물의 이름으로 이르는 말인데, 보통 삼라만상의 현상, 원리, 질서를 열두 마리의 동물로 나타냅니다. 우리나라에서는 쥐, 소, 호랑이, 토끼, 용, 뱀, 말, 양, 원숭이, 닭, 개, 돼지를 열두 띠로 여기는데 이 순서에 따라 12년을 주기로 해당 동물의 해가 반복되지요. 중국, 일본, 인도, 베트남, 고대 이집트와 그리스 등에도 비슷한 개념이 있지만 언급되는 동물의 종류에는 차이가 있습니다. 예를 들어 인도에서는 호랑이 대신 사자가 들어가고 닭 대신 상상의 새 금시조가 들어갑니다. 베트남에서는 토끼 대신 고양이를 포함하지요. 이는 지역별로 기후와 지형이 다르니 살고 있는 동물이 다르기도 하고 문화별로 선호하는 동물이 다른 점이 반영된 것으로 볼 수 있습니다.

열두 띠 동물 중 첫째인 쥐는 우리 전통문화에서 부정적인 이미지로 여겨지는 경우가 많습니다. 곡식을 축내고 질병을 옮기는 해로운 동물로 취급받는데, 특히 언어적 표현에서 그 예를 여럿 찾을 수 있습니다. 먼저 '쥐와 같다'는 것은 간사하고 부정적이라는 의미입니다. '쥐새끼'는 "아주 교활하고 잔일에 약삭빠른 사람을 속되게 이르는 말."이고, '생쥐'는 "뒤로 살살 빠져 다니면서 쏙닥거리며 못된 짓을 하는 사람을 비유적으로 이르는 말."입니다. 모두 표준국어대사전에 올라 있는 말인데요, 뜻풀이에서도 알 수 있듯이 우리 문화에서 쥐는 교활함과 간교함을 상징합니다.

아주 작은 것을 비유할 때도 쥐를 사용하는데, 사람이나 동물의 몸이 작고 앙증스러운 것을 속되게 말할 때 '쥐방울만하다'는 표현을 씁니다. 또 매우 적은 것을 비유적으로 '쥐꼬리'라고 하는데요, 쥐도 작은데 쥐의 꼬리라니 매우 작겠지요? 직장인들이 월급이 적다는 것을 비유적으로 표현하는 '쥐꼬리만 한 월급'이라는 말을 한 번쯤은 들어 보았을 겁니다.

벌레 이름에도 쥐가 붙는 경우가 있습니다. 대번에 쥐며느리가 떠오르지요? 쥐며느리는 썩은 나무나 낙엽 밑, 집 주변의 쓰레기 더미 등 주로 습한 곳에 많이 사는 벌레인데 외부로부터 자극을 받으면 몸을 둥글게 움츠리고 죽은 척을 합니다. 마치 그 모습이 사나운 시어머니 앞에서 겁을 먹고 움츠러드는 며느리 같다고 해서 쥐며느리라는 이름이 붙었다고 합니다.

우리 문화에서는 쥐라는 단어를 직접적으로 말하는 것을 꺼려서 '서생원'이라는 완곡어를 사용하기도 했습니다. 완곡어는 꺼리는 대상을 직접 부르는 것을 피하기 위해 부드럽게 돌려서 표현하는 말을 뜻합니다. 열두 띠 동물 중 하나인 호랑이를 '산신령'이라고 부르는 것은 호랑이에 대한 경외감에서 비롯된 것이고, 반대로 쥐를 '서생원'이라고 부르는 것은 쥐에 대한 혐오감에서 비롯된 것이라 볼 수 있습니다.

서생원과 관련된 옛날이야기도 있습니다. 충청남도 논산에 있는 관촉사의 은진 미륵 이야기입니다. 옛날 관촉사에 있는 불상인 은진 미륵 아래에 서생원 부부가 딸과 함께 살고 있었습니다. 서생원은 딸이 혼기가 차자 세상에서 가장 힘세고 훌륭한 사위를 얻어 주려고 합니다. 첫 번째 사윗감 후보는 태양이었습니다. 태양이 떠오르자 어둠이 사라지고 온 세상이 밝아지는 것을 본 서생원은 어둠을 물리치는 힘이 있는 태양이라면 자신의 사위가 될 만하다 싶어서 청혼을 하였습니다. 그러자 태양은 자신은 먹구름이 막아서면 꼼짝을 못 한다며 먹구름에게 가 보라고 합니다. 서생원이 이번에는 먹구름을 찾아가 청혼을 하니 먹구름은 자신은 바람 앞에서는 꼼짝달싹도 못 한다고 바람에게 가 보라 합니다. 바람 역시 자기가 아무리 세게 불어도 은진 미륵 부처님은 끄떡없으니 힘세고 잘난 사위를 얻으려면 은진 미륵 부처님께 가 보라며 청혼을 거절합니다. 집으로 돌아온 서생원은 부처님께 사위가 되어 달라고 합니다. 하지만 부처님은 자신이 아무리 버티고 서 있어도 밑을 쥐가 파먹으면 쓰러지고 만다며 이 세상에서 가장 힘이 세고 훌륭한 사윗감은 쥐라고 말해 줍니다. 결국 서생원은 딸을 같은 쥐와 혼인하도록 합니다. 자신의 가치를 모르고 헛된 꿈을 꾸던 서생원이 비로소 자신의 진정한 가치를 발견하게 되는 이야기이지요.

관촉사 은진 미륵

그런가 하면 사람으로 둔갑하는 쥐의 이야기도 있습니다. 집주인이 밤에 깎고 함부로 버린 손톱과 발톱을 오랫동안 주워 먹은 쥐가 사람으로 변해 주인 행세를 한다는 이 이야기는 밤에 손발톱을 깎으면 안 된다는 전통적인 금기와 연결됩니다. 이는 손발톱도 함부로 버리지 않았던 우리 조상들의 지혜로움을 나타내고, 깜깜한 밤에 손발톱을 깎다가 다치는 것을 경계하라는 교훈을 뜻하기도 합니다. 그런데 왜 많은 동물 중 쥐였을까요? 쥐는 주로 밤에 돌아다니는 습성이 있는 데다 아무거나 먹는 잡식성 동물이기 때문이라고 볼 수 있습니다.

이렇게 좋은 이미지를 가졌다고 볼 수 없는 쥐가 어떻게 모든 동물을 제치고 열두 띠의 첫 번째 동물이 된 것일까요? 열두 띠의 기원은 중국의 고대 왕국 은나라 시대까지 거슬러 올라갑니다. 자子, 축丑, 인寅, 묘卯, 진辰, 사巳, 오午, 미未, 신申, 유酉, 술戌, 해亥 각 글자에 동물을 연결한 것은 후대의 일이지요. 우리가 흔히 '아들 자'로 알고 있고, 열두 띠 중에서 쥐를 뜻하는 '자子'는 '불어나다, 늘어나다, 번식하다'를 의미하는 '씨 뿌릴 자滋'를 간략하게 한 글자이면서 음력 11월을 나타낸다고 합니다. 음력 11월은 양기가 태동하고 만물이 불어나려 준비하는 달이므로 새로운 생명의 시작을 상징합니다. 이러한 음력 11월의 속성을 반영하여 '자子'가 열두 띠의 첫 글자가 되었다고 전해지지요. 또 밤 11시부터 새벽 1시까지를 '자시子時'라고 하는데, 이 시간은 야행성인 쥐가 가장 활발하게 움직이는 때입니다. 열두 띠의 음양 원리와 쥐의 생태적 특성이 연결되어 쥐가 열두 동물 중 첫 번째가 되었다고 볼 수 있지요.

사실 쥐는 먹이를 찾아 부지런히 돌아다니는 활동력과 많은 새끼를 여러 번 낳는 번식력 때문에 우리 전통문화에서 풍요와 부를 상징하는 동물로 여겨지기도 했습니다. 또 열심히 찾은 먹이를 착실히 모아 놓는 습성이 있어 재물을 지키는 존재로 여기기도 했지요. 이 때문에 쥐띠 해에 태어난 사람은 부자로 산다는 말이 전해져 오기도 합니다. 쥐에는 부정적인 이미지만 있는 줄 알았는데 의외지요? 게다가 미키 마우스와 같은 귀여운 캐릭터와 햄스터와 같은 사랑스러운 반려동물에 익숙한 요즘 청소년들은 쥐를 긍정적으로 생각하는 경우가 많습니다.

그래도 컴퓨터가 도입될 때 '마우스mouse'를 단어의 뜻대로 '쥐'라고 번역했으면 지금처럼 편하게 손에 쥐고 사용하지는 못했을 것입니다. 컴퓨터 마우스는 손바닥 안에 쏙 들어오는 작은 크기의 둥근 몸체에 긴 케이블이 달려 있는 모습이 쥐를 닮았다고 해서 마우스라는 이름이 붙은 것인데요, 우리나라에서 발명했다면 '조롱박'이나 '애호박' 같은 이름을 붙이지 않았을까 하는 생각도 듭니다.

이렇게 쥐는 우리와 참 가까운 동물이면서 긍정적인 이미지와 부정적인 이미지를 함께 지니고 있어 대상의 한쪽 면만 봐서는 안 된다는 교훈을 줍니다. 월트 디즈니가 사무실에 자주 나타났던 쥐에서 긍정적인 면을 발견하지 못했다면 미키 마우스라는 귀여운 캐릭터가 탄생하지 못했을 것이고, 우리 조상들이 쥐에서 긍정적인 면을 발견하지 못했다면 쥐띠 해에 태어난 사람들은 교활하다느니 약삭빠르다느니 하는 놀림을 받았을 테지요. 쥐에서 긍정의 의미를 찾아냈던 월트 디즈니와 우리 조상들처럼 우리도 긍정적인 눈으로 대상을 바라봐야겠습니다.

비둘기는 왜
평화의 상징이 되었을까?

상징이 무엇인지 설명하기 위해 가장 쉽게 떠올릴 수 있는 예는 비둘기입니다. 상징이라는 용어가 추상적이기 때문에 쉽게 풀어서 설명하기는 쉽지 않습니다. 그래도 평화의 상징이 무엇이냐고 물으면 거의 대부분의 사람들이 비둘기라고 대답할 것입니다. 표준국어대사전에도 상징의 용례로 "비둘기를 평화의 상징으로 삼다."라는 예문이 나와 있을 정도이니 비둘기는 평화를 상징하는 대표적인 동물이 틀림없습니다.

그런데 그다음이 문제입니다. 왜 비둘기가 평화를 상징하느냐고 물으면 대답하기 어렵습니다. 기독교인들은 성경 구절을 근거로 들기도 합니다. 성경에 「노아의 홍수」 이야기가 나오는데요, 사람들이 너무 악해져 온 세상이 죄로 가득해지자 신이 대홍수를 일으켜 세상을 심판한다는 이야기입니다. 엄청난 홍수로 모든 것이 다 물에 잠기지만 큰 배를 만들라는 신의 뜻을 따랐던 노아와 그의 가족, 그리고 배에 태운 동물 한 쌍씩은 살아남습니다. 홍수가 그치자 노아는 물이 다 빠졌는지 알아보기 위해 비둘기를 날려 보았는데 앉을 곳을 찾지 못하고 곧 되돌아옵니다. 7일 후 다시 비둘기를 날려 보내자 저녁쯤 올리브잎을 물고 돌아왔고, 또 7일 후 비둘기를 보내니 다시는 돌아오지 않았습니다. 물이 다 걷힌 것이지요. 비로소 노아와 그의 가족, 동물들이 밖으로 나오고 새로운 인류의 역사가 다시 시작됩니다. 대재난의 끝을 확인해 준 새가 바로 비둘기이므로 비둘기가 용서, 더 나아가 평화를 상징하게 되었다는 것이지요.

비둘기는 예수님이 세례를 받는 장면에도 등장합니다. 예수님이 세례 요한에게 세례를 받으니 하늘에서 성령이 비둘기같이 내려왔다고 하는데요, 이 장면은 예수님이 신을 떠난 사람들을 다시 돌아오게 할 것임을 예고하는 것이라 합니다.

성경과는 관계없는 흥미로운 설명도 있습니다. 비둘기가 원래 사랑의 상징이었다는 것인데요, 비둘기는 암수가 입을 잘 맞추는 새라고 합니다. 서로 사랑하면 평화가 오는 법이지요. 그래서 비둘기

세례 요한에게 세례를 받는 예수님

와 평화가 연결되었고, 오늘날까지 비둘기가 평화를 상징하는 대표
적인 동물이 되었다는 설명입니다.

하지만 여전히 의문이 남습니다. 하고많은 새 중에서 왜 비둘기일
까요? 상징에 관한 책들을 찾아봐도 궁금증이 쉽게 풀리지는 않습
니다. 그런데 이러한 모호함이 바로 상징의 특성입니다. 그래서 카
를 융은 『인간과 상징』에서 상징의 의미를 "추상적 의미의 구체적 실
체"라고 정의했습니다. 상징이 어려운 까닭은 시간이 흐르면서 의미
와 실체의 연결 고리가 점점 희미해져 그 뜻을 파악하기가 어렵기

때문입니다. 문화에 따라 상징이 다르게 나타나기도 하고요. 사랑과 평화의 상징으로 불리던 비둘기가 현대에는 배설물로 주위 시설에 피해를 주는 혐오의 대상이 되고 있는 것처럼 말이지요.

상징이 낯설고 어렵게 느껴진다면 이미지라는 말로 바꾸어서 생각해 볼 수도 있습니다. 우리가 어떤 대상을 떠올렸을 때 그려지는 모습을 이미지라고 하지요. 그런데 그 이미지가 실제 대상의 속성과 일치하지 않을 때도 있습니다. 비둘기가 대표적인 예라고 할 수 있습니다. 비둘기를 평화의 상징으로 여기면서도 우리 머릿속에는 길을 점령한 채 먹이가 있는 곳이면 어디든 떼로 몰려드는 귀찮은 새의 이미지가 떠오릅니다.

그래도 사회적·문화적으로 비둘기는 여전히 평화의 상징입니다. 정치·경제 분야에서는 온건파를 '비둘기파'라고 하고 강경파를 '매파'라고 하는데요, 비둘기는 온순한 이미지이므로 온건파를, 매는 매서운 이미지이므로 강경파를 나타내는 것입니다.

비둘기가 이렇게 한국 문화에서도 큰 거부감 없이 평화의 상징으로 쓰이는 것은 한국인의 무의식 속에 서양 문화와 공유하는 부분이 있다는 것을 보여 줍니다. 이 부분은 인류 공통의 원형 의식이라고도 할 수 있겠지요.

저는 상징을 공부하면서 개체 수가 너무 많다고 불평하며 피하기에 바빴던 비둘기에 관심을 갖게 되었습니다. 그리고 비둘기가 왜 평화의 상징이 되었는지 더 유심히 살펴보게 되었습니다. 혹시 여러분도 비둘기를 보면 괜히 얼굴을 찌푸리지는 않았나요? 이제 는 비둘기를 볼 때마다 '사랑'과 '평화'라는 단어를 한 번씩 떠올려 보면 좋겠습니다.

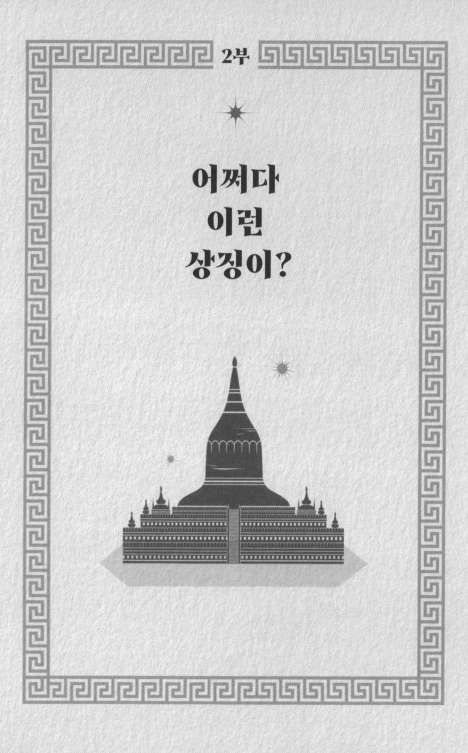

2부

어쩌다
이런
상징이?

금은 어쩌다 이렇게
사랑받게 되었을까?

신조어는 말 그대로 새롭게 생긴 말입니다. 사전에는 올라 있지 않지만 사람들 입에 오르내리며 사용되다가 어느 순간 유행어처럼 사라지기도 하고, 당당하게 단어의 지위를 인정받아 사전에 등재되기도 합니다. 비교적 최근에 만들어진 신조어 중에서 규범 사전에 등재될 것이 유력해 보이는 단어라면 단연 '금수저', '흙수저'가 먼저 떠오릅니다. 이 단어들은 사용자들이 함께 만드는 사전인 '우리말샘'에는 이미 등재되어 있습니다. 이 중 금수저는 한때 '가장 공감되는 올해의 신조어'에 뽑히기도 했는데요, 지금도 여전히 우리 일상에서 많이 쓰이고 있습니다.

금수저는 "부유하거나 부모의 사회적 지위가 높은 가정에서 태어나 경제적 여유 따위의 좋은 환경을 누리는 사람을 비유적으로 이르는 말."입니다. 반대로 흙수저는 "집안 형편이 넉넉하지 않아 부모로부터 경제적인 도움을 받지 못하는 사람을 비유적으로 이르는 말."로, 사회에 대한 불신과 불평등이 심화되고 있는 현실에 대한 반감을 투영하는 표현입니다. 금메달, 은메달, 동메달을 생각하면 금수저의 반대말은 동수저가 되어야 할 것 같은데 그보다 못한 '흙'이 붙은 것을 보면 금수저에 대한 상대적 박탈감이 얼마나 큰지 짐작해 볼 수 있습니다.

금수저라는 표현은 영어 관용구 '은수저를 물고 태어나다born with a silver spoon in one's mouth'에서 유래합니다. 은은 귀금속으로 독극물에 닿으면 검게 변하는 특성이 있어 예로부터 고급 식기로 사용되었습니다. 금 역시 귀금속이지만 단단하지 않아 식기로 사용하기는 어려웠지요. 이에 동서양을 막론하고 은수저는 부의 상징으로 여겨졌고, 태어날 때부터 은수저를 물고 있었다는 것은 곧 부유한 집안에서 태어났다는 의미가 되었습니다. 이 은수저에 은보다 더 가치가 높은 금이 붙어 금수저라는 단어가 생긴 것이지요.

언젠가부터는 '다이아몬드 수저'라는 말이 등장하기도 했습니다. 눈치챘겠지만, 금수저보다 더 부유한 사람들을 표현하기 위해 가장 비싼 보석인 다이아몬드를 붙인 말이지요. 심지어 '비브라늄 수저'라는 말도 있는데, 비브라늄은 실제로는 존재하지 않는 가상의 금속입니다. 마블 영화에 나오는 가상의 물질인데, 블랙 팬서가 왕으로 있는 와칸다에서만 생산되는 최강의 희귀 금속으로, 캡틴 아메리카의 방패와 블랙 팬서의 손톱도 비브라늄으로 만들지요. 이렇게 귀한 금속으로 된 수저라니 엄청나겠지요?

세상에서 금을 싫어하는 사람은 아마 없을 텐데요, 그중에서도 미얀마 사람들의 금 사랑은 특별합니다. 미얀마어로 '쉐ၡ'는 황금을 뜻하는데 나라 이름에도 금을 붙여 '쉐 미얀마'로 부르거든요. 물론 일상적으로 사용하지는 않고, 주로 미얀마가 어떤 나라인지 다른 나라 사람에게 소개할 때 사용한다고 합니다. 이렇게 금을 신성시하는 미얀마에서는 우리의 금수저와 비슷한 표현으로 '금쟁반에 탯줄을 받아서 씻다'를 씁니다. 과거 미얀마에서는 일상생활에서도 금을 많이 사용했다고 합니다. 그래서 귀족 집안에서는 아기가 태어나면 금쟁반에 탯줄을 받아서 씻었다는데요, 부와 풍요를 상징하는 금이 널리 쓰였다는 것을 알 수 있는 사례입니다.

이뿐만이 아닙니다. 미얀마 불교를 상징하는 사원인 쉐다곤 파고다는 사원 전체가 황금빛 불탑과 불상으로 가득 차 있는데, 쉐다곤은 바로 '황금의 언덕'을 의미합니다. 또 미얀마의 3대 불교 성지

미얀마의 쉐다곤 파고다

중 한 곳인 짜익티요 파고다에는 절벽 위에 아슬아슬하게 걸쳐 있는 거대한 황금 바위가 있습니다. 이곳에 가면 금박지를 살 수 있는데, 신자들은 금박지를 황금 바위에 붙이면서 소원을 빕니다. 그래서 이 바위는 점점 더 커지고 있다고 합니다.

우리나라에서도 금은 변하지 않는 가치를 지닌 소중한 것으로 여겨집니다. 그래서 아기가 첫돌을 맞았을 때 금처럼 변함없이 건강하게 자라라는 마음을 담아 금반지를 선물합니다.

고대부터 우리 문화에서 금은 태양, 왕, 신성성을 상징했습니다. 신라 김씨 왕족의 시조 김알지의 탄생 설화에 따르면 그는 황금 상자에서 태어나 성이 금金, 즉 김이 되었다고 합니다. 가야의 시조 수로왕도 비슷한데요, 그는 황금 상자 안의 황금알에서 태어났다고 전해집니다. 황금 상자, 황금알은 모두 태양 숭배 사상에서 비롯된 것으로, 모든 생명의 원동력인 태양과 왕을 연결하여 왕권의 신성성과 절대성을 강조합니다. 백제와 신라의 금관이나 금관 장식을 보면 금이 왕과 신성성을 상징하는 것이 보편적이었음을 알 수 있습니다.

현대에는 국회 의원이 되는 것을 '금배지를 단다'로 표현하기도 합니다. 실제로 국회 의원 배지는 99퍼센트가 은이고 1퍼센트의 금으로 도금된 것이라고 하는데요, 그럼에도 금배지로 부르는 까닭은 여전히 금이 권력을 상징하기 때문입니다.

이외에도 금의 상징은 우리 전통문화에서 다양한 모습으로 나타납니다. 우리나라의 창세 신화인 「창세가」에도 금이 등장합니다. 창조신 미륵이 금쟁반과 은쟁반을 들고 하늘에 비니 금쟁반에 금벌레 다섯 마리, 은쟁반에 은벌레 다섯 마리가 떨어져 사람이 되었다고 하는데요, 금벌레는 자라 남자가 되고, 은벌레는 여자가 되어 각각 부부를 이루니 세상에 사람이 번성하게 되었다고 합니다. 그냥 벌레가 아닌 금벌레, 은벌레가 사람이 된다는 것은 그만큼 생명이 소중하다는 뜻 아닐까요?

민속 신앙에서는 금이 벽사辟邪와 장수를 상징하는 것으로 여겨졌습니다. 벽사는 나쁜 기운을 물리치는 것을 말하는데요, 그래서 옛사람들은 금으로 만든 장신구를 몸에 지니면 귀신이나 온갖 악한 것을 물리치는 효과가 있다고 믿었지요. 옛 무덤에서 금으로 된 장식이 많이 출토되는 것으로 보아 건강과 평안을 기원했던 옛사람들의 마음을 짐작해 볼 수 있습니다.

이번에는 서양 문화를 살펴볼까요? 기독교에서도 금은 매우 중시됩니다. 예수님이 태어났을 때 경배하기 위해 찾아온 동방 박사 세 사람이 예물로 바친 것은 황금, 유향, 몰약이었습니다. 이때의 황금은 신성, 명예, 위엄을 상징하지요. 또 가톨릭교회의 수장인 교황의 상징으로 유명한 한 쌍의 열쇠도 있습니다. 교황의 문장紋章에는 금열쇠와 은열쇠가 붉은 끈으로 묶여 있는데요, 이는 천국의 문을 여는 열쇠를 의미하는 것으로 교황권의 상징입니다. 성경에 따르면 예수님의 열두 제자 중 한 명인 베드로는 예수님으로부터 천국의 열쇠를 받습니다. 이후 열쇠는 베드로의 표상이 되고, 베드로를 초대 교황으로 세운 가톨릭교회의 전통 안에서 교황권의 상징이 되지요. 가톨릭 교리에는 천국과 지옥 말고도 연옥이라는 곳이 있는데요, 이곳은 죽은 사람의 영혼이 천국에 들어가기 전 남은 죄를 씻는 곳입니다. 문장 속 금열쇠는 천국 문을 여는 열쇠, 은열쇠는 연

프란치스코 교황의 문장

옥 문을 여는 열쇠를 의미합니다.

그리스 신화에는 황금 사과와 황금 양털 이야기가 있습니다. 먼저 황금 사과 이야기부터 알아볼까요? 옛날 그리스의 아르카디아에 아탈란타라는 소녀가 있었습니다. 발도 빠른 데다 매우 아름다워서 결혼하고 싶어 하는 남자들이 많았지요. 하지만 결혼하면 불행해질 것이라는 신탁이 있었기에 달리기 실력이 뛰어났던 아탈란타는 청혼을 거절하기 위해 꾀를 냅니다. 자신과 달리기 시합을 해서 이긴 사람과 결혼하겠다는 조건을 내걸었지요. 달리기 시합에서 지면 목숨을 내놓아야 했으므로 아탈란타는 청혼자들을 모두 이기고 그들을 죽였습니다. 이때 히포메네스라는 청년이 아탈란타에게 도전합니다. 히포메네스에게는 여신에게 받은 황금 사과 세 개가 있었는데요, 달리기 시합 날 아탈란타가 자신을 앞지를 때마다 황금 사과를 던져 아탈란타의 주의를 흐트러뜨립니다. 결국 시합에서 이긴 히포메네스는 아탈란타와 결혼하지요. 여기서 황금 사과는 히포메네스가 그랬듯이 목숨과도 바꿀 수 있을 만큼 귀한 것을 의미합니다.

그리스 신화 속 영웅 이아손의 모험담에는 황금 양털이 나옵니다. 황금 양털은 나라를 안전하게 지켜 주는 보물입니다. 이아손은 무시무시한 용이 지키는 황금 양털을 가져오기 위해 유명한 영웅들로 원정대를 조직하여 먼 항해를 떠납니다. 빼앗긴 왕위를 되찾기 위해 황금 양털을 찾아 떠난 이 모험은 황금으로 대표되는 태양, 영적인 광명을 구하는 도전을 상징합니다.

남아메리카에서도 황금이 중시되었습니다. 잉카 제국에서는 왕이 즉위할 때 황금 가루를 뒤집어썼다고 합니다. 왕을 태양의 나라, 황금의 세계에서 온 인물로 인식하였던 것이지요. 여기서 '엘도라도 El Dorado '라는 말이 생겨났는데요, 에스파냐어로 '금가루를 칠한 사람'을 뜻하는 이 말은 16세기에 아메리카 대륙 정복에 나선 에스파냐의 모험가들에게는 금은보화의 천국, 황금의 낙원으로 그려지는 이상향을 의미하게 됩니다. 이처럼 금은 최고의 귀금속으로서 고대부터 태양, 순수, 불멸을 나타내는 전 세계적인 상징입니다.

그런데 이렇게 사랑만 받아 왔을 것 같은 금도 부정적인 상징을 지니고 있습니다. 성경에 나오는 금송아지 때문이지요. 이스라엘 민족의 지도자인 모세가 기독교의 근본 계율인 십계명을 받으러 시나이산에 올라간 사이 이스라엘 사람들은 금송아지를 만듭니다. 이때의 금은 탐욕과 거짓의 신, 우상 숭배와 세속의 부, 허영과 불충 등을 상징합니다.

이와 비슷하게 그리스 신화에도 탐욕의 상징으로서 금이 등장합니다. 그리스 신화에 나오는 소아시아의 왕 미다스의 이야기인데요, 그는 술의 신 디오니소스에게 자신의 손이 닿는 것은 무엇이든지 황금이 되게 해 달라는 소원을 빕니다. 디오니소스는 그 소원을 들어주지요. 소원을 이룬 미다스는 자신의 손이 닿기만 하면 돌멩이도 황금이 되는 것을 보고 크게 기뻐했지만 빵 한 조각, 물 한 모금까지 황금으로 변해 아무 음식도 먹지 못하게 되자 곧 후회합니다. 게다가 사랑하는 딸마저 황금 조각상이 되어 버리자 미다스는 디오니소스에게 자신의 소원을 거두어 주기를 청합니다. 디오니소스는 강물에 몸을 씻어 탐욕을 부렸던 죄를 씻어 내라 말하고, 미다스는 이내 원래대로 돌아옵니다. 이 이야기에서 '미다스의 손'이라는 표현이 유래되었는데요, 오늘날에는 '손대는 일마다 성공을 이루어 내는 능력'을 뜻하는 말로 자주 쓰입니다.

다시 현재로 돌아와 볼까요? 최근에는 '금손'이라는 말도 많이 쓰는데요, '손재주가 뛰어난 사람'을 비유적으로 이르는 말입니다. SNS에서 이들의 활약을 쉽게 볼 수 있지요. 금손 파티시에가 만든 케이크는 아주 예뻐서 먹기 아까울 정도이고, 금손 미용사는 어떤 손님의 머리도 멋지게 만져 줍니다. 금손 디자이너는 천만 있으면 옷, 가방, 인형 등 못 만드는 것이 없을 정도이지요.

원래 가격보다 물건이 비싸지면 이름 앞에 '금'을 붙여 부르기도 합니다. 배춧값이 많이 오르면 김치를 '금치'라 부르고, 오징어가 잘 잡히지 않을 때는 오징어가 '금징어'가 되었다고 말합니다. 이 밖에 아주 귀한 땅은 '금싸라기 땅'이라 하고, 명절이나 공휴일이 이어져 있는 날은 '황금연휴'라 부르며 많은 사람들이 손꼽아 기다리지요.

이렇듯 금의 상징은 일상생활에서 다양하게 사용되고 있습니다. 인생에서 가장 좋은 시기를 '황금기'라고 부르는데요, 여러분 중에는 지금을 황금기라고 느끼는 사람도 있고 곧 황금기를 맞을 거라고 기대하는 사람도 있을 것입니다.

혹시 금수저로 태어나지 않았다고 환경을 원망한 적이 있나요? 누구든 살아가면서 한 번쯤은 주어진 운명을 불평해 본 적이 있겠지요. 하지만 여러분은 금보다도 더 귀한 존재입니다. 스스로를 황금보다 더 귀하게 여기며 응원해 주시는 분들께 고맙다는 표현을 한번 해 보면 어떨까요? 씩씩하게 걸어 나가면 여러분 앞에 여러분만의 황금기가 반드시 펼쳐질 겁니다.

숫자 4는 어쩌다 미움받게 되었을까?

여러분이 좋아하는 숫자는 무엇인가요? 아마 많은 사람들이 행운의 숫자로 불리는 7을 꼽겠지요. 이에 비해 좋아하는 숫자로 4를 꼽는 사람은 거의 없을 것이라 생각합니다. 서양에서 불길한 숫자라며 13을 기피하는 것과 마찬가지이지요.

숫자 4는 발음이 '죽을 사死'와 같아 은연중에 죽음을 연상시킵니다. 그래서 엘리베이터의 번호판에 4층이 영어 단어 four의 F로 표시되어 있는 경우도 많은데요, 특히 병원에는 4층이 아예 없는 경우도 있습니다. 외국에 갔을 때 우리가 생각하는 1층이 로비Lobby를 뜻하는 L이나 지상층Ground floor을 뜻하는 G로 되어 있어서 헷갈릴 때가 있는 것처럼 외국인들도 우리나라 엘리베이터의 F층을 보고 어리둥절할 때가 있다고 합니다. 우리나라에서는 엘리베이터뿐 아니라 전화번호에서도 이러한 특성이 드러납니다. 4가 연달아 네 번 나오는 4444와 같은 번호는 대부분 장례식장이나 상조 회사 등 죽음과 관련된 업종입니다.

우리와 같은 한자 문화권에 속하는 일본과 중국 역시 숫자 4와 사死를 연결 지어 기피합니다. 일본에서도 아파트나 병원에서는 4를 잘 쓰지 않지요. 해외에서도 일본인이 자주 이용하는 호텔에는 객실 번호에 4가 들어가지 않는 경우가 많고, 일본인 손님을 초대했을 때는 요리의 가짓수가 넷이 되지 않도록 조심한다고 합니다.

중국에서는 '해음諧音'이라고 해서 글자는 다르지만 발음이 비슷한 예를 이용한 언어유희를 일상에서 다양하게 사용하는데요, 그래서 4가 들어가는 자동차 번호판이나 전화번호는 불길하게 여깁니다. 숫자 8을 선호하는 것과는 정반대 의미이지요. 중국어에서 숫자 8의 발음은 '돈을 벌다, 재산을 모으다, 부자가 되다'의 뜻을 지닌 '발재發財'라는 말의 첫 글자와 비슷합니다. 그래서 중국 사람들은 전화번호나 자동차 번호판에 8이 포함되어 있으면 떼돈을 벌어들일 것이라 생각하지요. 같은 맥락에서 2008년에 중국에서 열린 베이징 올림픽은 8월 8일 8시에 개막되었는데요, 단순한 발음의 유사성이 숫자의 상징 의미로 작용하여 전 세계인의 축제에도 영향을 주었다니 재미있지요.

그런데 놀랍게도 숫자 4의 상징 의미를 살펴보면 긍정적인 의미가 많습니다. 대부분의 문화에서 숫자 4는 세계의 질서와 전체성을 상징합니다. 예를 들어 기본적인 방향은 동서남북의 사방四方이고, 각 방향을 담당하는 신도 사신四神이지요. 동쪽은 청룡, 서쪽은 백호, 남쪽은 주작, 북쪽은 현무가 관장하는 방향입니다. 계절도 봄, 여름, 가을, 겨울 등 사계절이고, 동양에서 고결함의 상징으로 사랑받는 매화, 난초, 국화, 대나무를 일러 사군자라고 하지요. 무협 소설에서도 4대 문파가 등장하고, 음악에서도 4중창을 완벽하다고 여깁니다.

종교에서도 숫자 4는 큰 의미를 갖습니다. 힌두교의 창조신 브라흐마는 얼굴이 네 개이고, 힌두교 사원은 정사각형의 네 변을 기초로 건축되는데, 이는 질서와 완결성을 상징합니다.

불교에서도 숫자 4가 무척이나 중요합니다. 절 입구에 들어서면 나라와 중생을 수호하는 사천왕의 모습을 볼 수 있지요. 불교계의 대표적인 저술가로 꼽히는 자현 스님은 『사찰의 비밀』에서 숫자 4와 7을 부처님의 숫자로 설명합니다. 당시 인도에서는 4진법을 주로 사용하고 7진법을 보조로 사용했기 때문에 부처님의 일생 전체가 4와

힌두교의 창조신 브라흐마

4의 배수로 전개되고, 7과 7의 배수도 일부 관련된다고 합니다.

　좀 더 자세히 살펴볼까요? 부처님은 32상相과 80종호種好의 모습으로 4월 8일에 태어났고 12월 8일에 깨달음을 얻습니다. 32상이란 보통 사람과는 다르게 부처님의 몸에 나타나는 32가지 모양과 특징인데요, 이를 더 자세히 나누면 80개가 된다고 합니다. 이때 32와 80은 모두 4의 배수이지요. 부처님의 탄생일과 득도일에 들어가는 숫자인 4, 8, 12 역시 모두 4의 배수입니다.

　깨달음을 얻은 부처님은 사성제四聖諦와 팔정도八正道, 십이 연기법을 설명하여 16개국을 교화합니다. 사성제란 영원히 변하지 않는 네 가지 진리를 말하고, 팔정도는 글자 그대로 여덟 개의 바른 길로, 깨달음과 열반으로 이끄는 길을 의미합니다. 십이 연기법은 조금 더 복잡한 개념인데요, 인간 세상의 모든 현상이 서로 연결되어 일어난다는 것입니다. 사람은 태어났기 때문에 늙고, 병들고, 결국 죽게 되는데 불교에서는 이 연결 고리를 열두 개로 여기기 때문에 십이 연기법이라는 개념이 나옵니다. 여기서 언급하는 4, 8, 12, 16 역시 모두 4의 배수임을 알 수 있습니다.

또 불교에서는 깨달음을 얻지 못한 사람이 8만 4천 가지 번뇌의 병을 앓는다고 하는데요, 이를 치료하기 위한 말씀도 8만 4천 가지가 되기 때문에 불교의 경론 전체를 팔만사천법문이라 합니다. 이를 성질과 형식에 따라 구분하면 12부가 되는데, 부처님은 팔만사천법문의 12부경을 설법하시다가 80세에 돌아가셨다고 합니다. 부처님을 화장하자 여덟 섬 하고도 네 말의 사리가 나왔고, 이 사리를 가지고 여덟 나라의 왕이 여덟 개의 탑을 세웁니다. 8만 4천은 4와 7의 배수이고 12, 80, 8, 4는 4의 배수이지요. 여기서는 4진법과 함께 7진법을 확인할 수 있습니다.

여기에 부처님의 키는 1장 6척이고, 치아는 40개였다는 이야기가 후대에 추가되는데요, 그야말로 4의 연속이지요. 이를 통해 불교에서 숫자 4가 매우 중요하다는 것을 알 수 있습니다.

기독교에서 가장 중요한 상징인 십자가 역시 네 방향을 가리키고 있습니다. 신약 성경에서 예수님의 생애와 가르침을 기록한 복음서도 네 권입니다. 에덴동산에는 그 중심에서 네 방향을 향해서 흘러가는 네 개의 강이 등장하지요. 네 개의 강은 북유럽 신화에도 등장합니다. 북유럽 신화에서 신들이 사는 왕국을 아스가르드라고 하는데, 이곳에는 젖이 흐르는 네 개의 강이 있다고 전해집니다.

네 개의 강 하니 혹시 떠오르는 것이 있지 않나요? 네 개의 강은 세계 4대 문명의 발상지와도 연결됩니다. 티그리스강과 유프라테스강 유역의 메소포타미아 문명, 나일강 유역의 이집트 문명, 인더스강 유역의 인더스 문명, 황허강 유역의 황허 문명 등 문명의 발생지는 모두 큰 강 유역이었습니다.

이렇듯 숫자 4는 완전성과 전체성의 상징이면서 균형과 안정의 수이기도 합니다. 그래서 4는 건축의 숫자이기도 합니다. 집을 지을 때는 정사각형이나 직사각형을 기본으로 하지요? 인간의 손으로 건설한 건축물 중에서 가장 위대한 건축물로 손꼽히는 피라미드 역시 사각형을 기초로 하고 있습니다.

특별히 숫자 4를 꺼리거나 싫어하지는 않아도 시계가 4시 44분을 가리키고 있는 것을 본다면 왠지 꺼림칙한 기분이 들거나 뭔가를 조심해야겠다는 생각을 하는 경우가 있을 텐데요, 앞으로는 숫자 4에서 죽음보다는 행운을 떠올려 보면 어떨까요? 네잎클로버의 잎을 떠올리면서요. 또 야구에서 가장 타격 능력이 좋은 4번 타자나 4년마다 한 번씩 열리는 세계인의 축제 올림픽과 월드컵을 생각하며 긍정적인 마음을 가져 볼 수도 있겠지요. 친구들과 함께 게임을 할 때도 네 명이서 스쿼드squad를 이루면 더 재미있지 않을까요? 이제 숫자 4를 너무 싫어하지 말고 그 안에는 좋은 면도 있다는 것을 함께 생각하면 좋겠습니다.

소는 어쩌다 성실함의
표본이 되었을까?

밥 먹고 바로 누우면 소가 된다는 말, 들어 본 적 있나요? 어른들은 어째서인지 밥을 먹자마자 누우면 소가 된다며 어서 일어나라고 하지요. 그런데 왜 소가 된다는 것일까요? 명확하게 대답하기는 쉽지 않습니다.

첫 번째 실마리는 「소가 된 게으름뱅이」라는 옛날이야기에서 찾아볼 수 있습니다. 옛날에 일하기 싫어하는 게으름뱅이가 있었는데요, 어느 날 길을 가다 소 머리 모양의 탈을 만들고 있는 노인을 만납니다. 탈이 신기했던 게으름뱅이는 탈을 한번 써 보지요. 그런데 무슨 조화인지 탈을 벗으려고 해도 벗겨지지가 않아 게으름뱅이는 그대로 소가 되고 말았습니다. 노인은 소가 된 게으름뱅이에게 아주 많은 일을 시킵니다. 심지어 다른 사람에게 팔아 버리기까지 합니다. 노인은 소를 산 사람에게 이 소는 무를 먹으면 죽으니 절대 무를 먹이지 말라고 말합니다. 매일매일 죽도록 일만 하던 어느 날, 소가 된 게으름뱅이는 무를 먹으면 죽는다고 했던 노인의 말이 떠올라 차라리 무를 먹고 죽어 버리자는 결심을 하게 됩니다. 그런데 무를 먹은 게으름뱅이는 다시 사람이 됩니다.

게으름에 대한 경계를 나타낸 이 이야기에서 소는 우직함과 성실함을 상징합니다. 게으름뱅이가 농사에 꼭 필요한 소로 변하여 소의 근면함과 성실함을 경험함으로써 부지런한 인간으로 다시 태어나게 되는 것이지요. 이 이야기를 통해 소처럼 꾀부리지 않고 우직하게 일하는 것이 중요했던 농경 사회의 모습을 알 수 있습니다.

그래도 왜 소가 된다는 것인지 궁금증이 시원하게 풀리지는 않아서 자료를 더 찾아보니 조금 다른 설명도 있었습니다. '밥 먹고 바로 누우면 소가 된다'는 금기와 비슷한 표현으로 '밥 먹고 바로 누우면 죽어서 소가 된다', '잠만 자다가 죽으면 소가 된다', '엎드리거나 누워서 밥 먹으면 죽어서 소가 된다' 등이 있는데, 이 표현들이 소의 평소 자세와 되새김질을 나타낸 것이라는 견해이지요. 소는 항상 누워서 무언가를 먹고 있는 것처럼 보입니다. 그것을 본 우리 조상들이 무슨 배가 저리 고플까 생각했다는 것이지요. 이러한 시각은 소를 '게으르고 먹을 것만 챙기는', '고생만 죽도록 하고 배불리 먹지도 못하는' 동물로 봅니다. 소의 생태를 통해 사람은 저러지 말아야겠다는 교훈을 주는 것이지요. 다른 동물과는 다르게 되새김질을 하고 주로 누워 있는 소의 모습에서 우리가 알고 있던 '성실함'과 상반되는 '게으름'이라는 상징성도 찾아볼 수 있겠네요. 사실 소화의 과정으로 되새김질을 할 뿐인 소로서는 억울하겠지만요.

그런데 요즘에는 이런 금기의 전승이 사라지고 있어 안타깝습니다. 학생들에게 '밥 먹고 바로 누우면 소가 된다'는 말을 들어 본 적이 있냐고 물어보니 들어 본 학생은 한 반에 한두 명 정도밖에 안 되더라고요. 다른 학생들은 들어 본 적이 한 번도 없거나 '밥 먹고 바로 누우면 살찐다', '소'가 아니라 '돼지 된다'는 말을 들어봤다고 합니다. 금기 문화도 점점 바뀌어 가는 것이지요.

소는 우직함, 근면함, 성실함 등 긍정적인 가치를 상징하지만 언어 표현에서는 그다지 긍정적인 의미로 사용되지 않습니다. 특히 현대에 와서는 우직함이 예전에 비해 낮게 평가되면서 미련함을 의미하는 경우가 많기 때문입니다. 이는 '소 우牛'와 '어리석을 우愚'의 발음이 같아서 더 그런 것 같기도 합니다. 사자성어 '우이독경牛耳讀經'은 쇠귀에 경 읽기라는 뜻으로, "아무리 가르치고 일러 주어도 알아듣지 못함을 이르는 말."이고, '소고집'이나 '황소고집'은 사전적 의미로 "몹시 센 고집. 또는 그런 고집이 있는 사람."입니다. 또 '소처럼'이라는 비유 표현은 주로 '일만 한다', '힘들게 일한다'와 같은 부정적인 서술어와 함께 쓰입니다.

도교의 신선들이 유유자적 타고 다니던 소와는 상반된 모습이지요? 그래도 '황소걸음'이라는 말에는 긍정적인 의미가 있습니다. 본뜻은 "황소처럼 느릿느릿 걷는 걸음."이지만 "비록 느리기는 하나 착실하게 해 나가는 행동을 비유적으로 이르는 말."을 뜻하기도 합니다. 빠른 속도를 중시하는 요즘에는 맞지 않는 표현이지만 신문 기사 등에서 성공한 인물의 이야기를 다룰 때에는 여전히 많이 쓰입니다.

불교에서도 소는 중요한 동물입니다. 절에 가면 쉽게 볼 수 있는 그림 중에 수행을 통해 마음을 수련하는 단계를 소를 찾는 것에 비유한 심우도尋牛圖가 있습니다. 여기서 소는 인간의 본성을 의미하는데요, '심우尋牛, 견적見迹, 견우見牛, 득우得牛, 목우牧牛, 기우귀가騎牛歸家, 망우존인忘牛存人, 인우구망人牛俱忘, 반본환원返本還源, 입전수수入廛垂手' 등 열 개의 장면을 그렸다 하여 십우도十牛圖라고도 합니다.

그림을 좀 살펴볼까요? 먼저 한 동자가 소를 찾아 나섭니다심우.

심우도의 열 장면

소를 찾아 헤매다 소의 발자국을 발견하고^{견적}, 발자국을 따라가 소를 발견합니다^{견우}. 이제 소를 단단히 붙들어야지요^{득우}. 소를 찾은 동자는 소를 키우며 순하게 길들입니다^{목우}. 그리고 소를 타고 집으로 돌아오는데요^{기우귀가}, 집에 오니 소는 없고 깨달음을 얻은 자신만 남게 됩니다^{망우존인}. 이제 자기 자신의 존재까지 잊으면 불교에서 말하는 깨달음의 경지인 '공空'에 이르게 되는 것이지요^{인우구망}. 아홉 번째 그림에는 자연 그대로의 모습만 보이고 소도 사람도 없습니다^{반본환원}. 마지막 열 번째 그림에는 마을로 떠나려는 동자의 모습이 보이는데요, 사람들에게 깨달음을 전하러 가는 모습입니다^{입전수수}. 절에 가면 법당 외벽에 이 그림이 그려져 있는 것을 볼 수 있을 텐데, 그림에 담긴 이야기를 알고 보면 더욱 반갑게 느껴지겠지요?

소의 다른 면을 살펴볼까요? 소는 신성한 동물로서 제물로 사용되기도 했습니다. 조선 시대에 소를 제물로 바쳐 풍년을 기원하던 선농제에서 '설렁탕'이라는 말이 유래했다는 이야기는 들어 보았지요? 또 정월대보름에 풍년을 기원하며 벌이는 소놀이굿도 빼놓을 수 없는데요, 이렇듯 우리 전통문화에서 소는 우직함과 근면함뿐만 아니라 풍요와 행운을 상징하기도 합니다.

또 소는 수호신을 상징하기도 하고 충성심과 의로움을 상징하기도 합니다. 「콩쥐팥쥐」 이야기에는 수호신으로 검은 소가 나옵니다. 계모가 나무 호미로 자갈밭을 매라는 터무니없는 일을 시켰을 때 하늘에서 검은 소가 내려와 콩쥐를 도와주지요. 신데렐라 이야기에서 요정 할머니가 신데렐라를 도와주는 것처럼요. 경북 구미에 있는 의우총에는 밭을 갈다 갑자기 달려든 호랑이와 맞서 싸워 주인을 구한 소가 결국에는 호랑이에게 물린 상처 때문에 주인이 죽자 크게 울부짖고 쇠죽도 먹지 않더니 사흘 만에 죽고 말았다는 이야기가 전해져 옵니다.

우리 조상들은 소를 '생구生口'라고도 불렀습니다. 생구는 한집에 사는 하인을 가리키는 말이기도 한데요, 그만큼 소를 식구처럼 소중하게 여겼던 것이지요. 옛날에는 대학을 진리와 학문을 추구하는 곳이라는 의미로 '상아탑'이라고 불렀는데, 소를 팔아 대학 등록

금을 대기도 했다 해서 '우골탑'이라고도 불렀습니다. 이 말은 소를 팔아 등록금을 마련해야 했던 당시 사회상을 반영하는 것으로 대학 건물이 부모가 소를 판 돈, 즉 '소의 뼈'로 지어졌음을 의미합니다. 그만큼 소는 열심히 일을 해 주는 식구이면서 재산이 되어 주기도 하는 고마운 동물이었습니다. 살아서는 노동력을 제공하고 죽어서는 고기를 제공하는 소는 희생과 헌신의 상징이기도 합니다. '희생犧牲'이라는 단어에 '소 우牛'가 들어가 있는 것이 우연만은 아닐 테지요? 하지만 이제는 소를 식구가 아닌 식용 동물로만 보면서 소에 대한 고마운 마음도 점점 잃어 가는 것 같아 안타깝습니다.

인도에서는 소고기를 먹지 않는다는 말을 들어 보았을 것입니다. 힌두교에서는 소, 특히 암소를 여신과 같은 신성한 동물로 여겨 암소를 보기만 해도 행운이 오고 악으로부터 보호를 받는다고 믿습니다. 심지어 소가 길을 건너면 사람은 물론 자동차도 멈춰 서서 소가 지나갈 때까지 기다릴 정도이지요. 이렇게 소를 신성시하는 인도에서는 소고기를 먹지 않는다고 합니다.

우리나라에서는 돼지고기보다 소고기를 더 비싸고 더 맛있는 음식으로 치는데, 왜 이런 차이가 생긴 것일까요? 미국의 인류학자 마빈 해리스는 『음식 문화의 수수께끼』에서 이를 소의 유용한 쓸모 때문으로 설명합니다. 인구가 증가하고 농경이 확대되면서 인도 문화에서 소는 다른 어떤 동물보다 중요한 역할을 해 왔습니다. 마른 소똥도 마루와 난로를 정화하는 의식에 사용할 정도로 소는 꼭 필요한 동물이었기에 소를 잡아먹지 않는 쪽으로 문화가 발달했다는 것이지요. 합리적인 설명이지만 왠지 암소의 신성성을 해치는 설명인 것 같기도 합니다.

　미국 월 스트리트의 랜드마크인 '돌진하는 황소상'은 증권 시장의 활황을 나타냅니다. 이는 거침없이 돌진하는 황소의 이미지를 활용한 것입니다. 에스파냐의 투우는 '야성'을 상징합니다. 그리스 신화의 미노타우로스는 사람을 잡아먹는 무서운 괴물로 반인반우 牛人牛牛, 즉 사람의 몸에 소의 머리를 하고 있습니다. 이런 소의 모습들은 우리나라의 소와는 참 다르지요. 느리지만 우직하고 온순한 우리나라의 소는 여전히 근면함과 성실함, 희생과 헌신을 상징하는 고마운 동물입니다. 우리 일상에서 단순히 흔한 음식으로만 대했던 소의 상징에 대해 다시 한번 생각해 보는 기회가 되었길 바랍니다.

새벽을 알리는 닭이 어쩌다
풍향계에 올라가게 되었을까?

시대가 바뀌면서 속담도 그 의미가 더는 유효하지 않게 된 경우가 많습니다. '암탉이 울면 집안이 망한다'는 속담이 대표적인데요, 이 속담은 날이 샜다고 울어야 할 수탉 대신 암탉이 울면 집안이 망한다는 뜻으로, 가정에서 아내가 남편을 제치고 나서면 집안일이 잘 안된다는 의미입니다. 요즘에는 이 속담을 들을 일도, 말할 일도 없지만 혹시라도 이 말을 입 밖으로 꺼낸다면 차별적인 사고방식을 가진 사람으로 평가받기 십상입니다.

옛날에는 수탉의 울음소리가 새벽을 알리는 중요한 역할을 했습니다. 어두운 밤이 물러가고 밝은 아침이 오는 것을 알리는 상서로운 동물이 바로 닭이었던 것이지요. 그래서 닭은 어둠과 밝음의 경계, 새벽을 상징하는 신성한 동물입니다. 또 우리 조상들은 새벽이 오면 잡귀들이 물러간다고 믿었기 때문에 새벽을 알리는 닭을 주술적인 힘을 가진 벽사의 동물로 여겼습니다. 닭은 신비한 힘을 지녔기 때문에 악한 것을 물리쳐 준다고 생각했던 것이지요. 그래서 귀신을 쫓는 의식을 할 때 닭 피나 닭 그림 등을 사용했다고 합니다.

닭은 날개가 있지만 하늘을 날지 않고 땅에서 생활하는 이중성을 가진 동물입니다. 이러한 이중성은 하늘과 땅을 연결한다는 의미에서 신성성으로 이어지는데요, 그래서 역사적으로 닭은 새 나라를 세운 국조國祖의 탄생을 알리는 동물로 등장합니다. 『삼국유사』에 따르면 신라 김씨 왕족의 시조 김알지가 황금 궤짝에서 탄생할 때 나무 아래에서 흰 닭이 울었다고 합니다. 신성성을 더하는 흰색의 닭이 신성한 인물의 탄생을 알린 것이지요. 또 신라의 시조 박혁거세의 왕비 알영 부인은 계룡鷄龍이 왼쪽 옆구리로 낳았다고 기록되어 있습니다. 계룡이 낳아서일까요? 알영 부인은 태어날 때 입술이 닭의 부리 같았는데 냇물에 목욕을 시키자 부리가 떨어져 나갔다는 이야기도 있습니다.

신라의 다른 이름인 계림鷄林도 이와 연관이 있습니다. 신라라는 이름은 후세에 붙여진 것인데, 그 이전에는 왕이 계정鷄井에서 났기 때문에 계림국이라고도 하고, 김알지가 태어날 때 숲속에서 닭이 울었다 해서 '닭 계鷄' 자에 '수풀 림林' 자를 써서 계림으로 불렀다고도 합니다. '계림'이라는 글자에서 신성한 기운이 느껴지지 않나요?

한편 닭 그림은 입신출세를 의미하기도 했습니다. 닭의 볏을 가리키는 방언 '벼슬'이 관직을 의미하는 '벼슬'과 발음이 같기 때문입니다. 특히 맨드라미와 함께 그려진 닭 그림은 높은 관직에 오른다는 의미라고 합니다. 닭의 볏은 한자로 '계관鷄冠'이라고 하고, 맨드라미는 꽃이 닭의 볏처럼 생겼다 해서 '계관화鷄冠花'라고도 합니다. 선비들이 쓰는 갓을 한자로는 '관冠'이라고 하는데, 계관과 계관화가 한 그림에 있다는 것은 갓에 갓을 더한다는 뜻이니 높은 관직으로 올라간다는 의미가 되는 것이지요. 옛날에는 관리로서 성공하기를 바라는 마음을 담아 이러한 그림을 방에 걸어 두거나 다른 이에게 선물하기도 했다고 합니다.

서양에서는 어떨까요? 기독교에서는 닭이 예수님을 상징합니다. 닭이 울면 아침이 오는 것과 예수님의 부활을 연결한 것이지요. 예수님의 부활은 빛이 어둠을 이기고 생명이 죽음을 이겼음을 알리는 것인데, 서양에서는 밝은 아침을 알리는 닭이 이를 상징한다고 본 것입니다.

그래서일까요? 성당이나 교회의 첨탑을 보면 위에 수탉이 올라 앉아 있습니다. 이때의 닭은 예수님의 열두 제자 중 한 명인 베드로의 이야기를 담고 있습니다. 베드로는 예수님이 잡혀가기 전 결코 예수님을 저버리지 않겠다고 다짐하지만 결국 예수님의 예언대로 세 번이나 예수님을 모른다고 말합니다. 베드로가 예수님을 세 번째 부인할 때 닭이 울었다고 하는데요, 그제야 정신을 차린 베드로는 통곡했다고 합니다. 결국 베드로는 회개하고 십자가에 거꾸로 달려 순교합니다. 이후 9세기경 한 교황이 모든 성당의 첨탑이나 반구형 지붕에 베드로의 배신을 떠올리게 하는 수탉 조형물을 설치하라는 칙령을 내렸다고 전해지는데, 이는 베드로처럼 자신의 죄를 회개하라는 의미를 담고 있습니다. 그때부터 풍향계 위의 닭은 사람들을 깨우쳐 교회로 이끌어 주는 역할을 맡고 있습니다.

흥미롭게도 불교에도 이와 비슷한 이야기가 있습니다. 조선 시대의 유명한 스님 서산 대사의 일화인데요, 어느 날 깨우침을 구하던 서산 대사가 한 마을을 지나는데 갑자기 한낮에 닭이 크게 울었다고 합니다. 그런데 그 순간 마음속의 모든 의혹이 깨끗이 사라지고 세상의 모든 현상이 그대로 마음 자체라는 일생의 큰 깨달음을 얻게 되었다는 이야기입니다. 이 일화에서 유래된 사찰의 닭 그림은 불자들에게 깨달음을 얻으라는 의미를 전해 주는데, 조계사 법당의

풍향계 위의 닭

문에서 이 닭 문양을 볼 수 있습니다.

최근 우리 일상에서 볼 수 있는 닭 문양은 어디에 있을까요? 아마 프리미어 리그의 축구 팀 중 하나인 토트넘 홋스퍼의 엠블럼이 떠오르는 축구 팬이 많을 것입니다. 축구공 위에 서 있는 이 닭은 기세등등한 싸움닭처럼 보이는데요, 앞서 말한 것처럼 신성성이나 깨우침 등을 상징하지는 않지만 호전적인 팀의 분위기를 잘 전달해 주는 상징으로 사용되고 있습니다.

요즘에는 좀처럼 듣기 어렵지만 새벽을 알리는 닭의 울음소리는 동양에서나 서양에서나, 예나 지금이나 여전히 새로운 역사의 시작을 상징합니다. 신성함과 벽사의 동물, 유혹에 대한 경계와 깨우침을 촉구하는 동물로서의 닭. 음식으로만 생각했던 닭의 새로운 면을 생각해 보는 기회를 가져 보기 바랍니다.

♀
여자 화장실은 어쩌다
붉은색 기호로 표시하게 되었을까?

화장실의 성별 표시를 눈여겨본 적이 있나요? 나라마다 조금씩 차이는 있지만 남자 화장실은 대부분 파란색, 여자 화장실은 붉은색 기호로 표시합니다. 요즘은 꼭 그렇지만은 않은데 예전에는 여자아이는 붉은색 계열, 남자아이는 푸른색 계열의 옷을 많이 입혔지요. 그런데 왜 붉은색이 여성을 나타내는 데 사용될까요?

이에 대한 답은 서양 염색 기술의 발달에서 찾아볼 수 있습니다. 중세 시대에 국가나 가문을 상징적으로 나타냈던 문장 연구의 대가 미셸 파스투로에 따르면, 19세기까지 서양의 염색 공장에서는 대부분 식물성 염료를 사용했는데 그 당시 가장 선명하게 염색되는 색이 빨간색이었다고 합니다. 그래서 결혼식에서 가장 빛이 나야 할 신부 역시 지금과 같은 하얀색 웨딩드레스가 아니라 색이 가장 진하고 선명한 빨간색 웨딩드레스를 입었지요. 여기에서 '신부 ― 여성 ― 빨간색'이라는 상징의 연결 고리가 만들어집니다. 빨강과 대비되는 파랑에는 남성이 연결되었고요. 빨강과 파랑에 의한 이러한 성별 대비는 중세 말기에 성립하여 근대에 발전했다고 합니다. 오랫동안 상류 계층에서 이어져 내려왔는데 이후 하류 계층에도 보급되었다는 것이지요.

앞서 음양오행을 설명하면서 '금金, 수水, 목木, 화火, 토土' 즉 '쇠, 물, 나무, 불, 흙' 등 우주 만물을 이루는 다섯 가지 원소인 오행이 각각 고유한 색과 연결되어 있다고 했던 것을 기억하나요? 여기서 붉은색은 불을 뜻합니다. 또 남쪽, 여름과 관련된 색이기도 하지요. 이러한 연관성 때문에 붉은색은 태양을 상징하고 잡귀를 쫓는 색깔로 인식되어 귀신을 물리치는 데 널리 사용되었습니다.

이런 사례는 지금도 일상생활에서 찾아볼 수 있습니다. 나쁜 운을 막기 위해 사용하는 부적에는 붉은색으로 글씨를 쓰거나 그림을 그리고, 일 년 중 밤이 가장 긴 동지에는 붉은 팥이 귀신과 액운을 쫓는다고 믿어 팥죽을 쑤어 먹기도 합니다. 아기의 무병장수를 기원하는 의미에서 돌상에 붉은 수수경단을 올리기도 하지요. 이삿날이나 개업식 날 붉은 팥으로 만든 시루떡을 이웃과 나누어 먹기도 했습니다. 어린아이들이 입는 색동저고리의 붉은색, 장을 담근 후 항아리에 붉은 고추를 끼운 금줄을 두르는 것 역시 붉은색의 상징에 근거를 둔 것입니다.

붉은색의 상징은 금기와 연관되기도 합니다. 대표적인 것이 붉은색으로 이름을 쓰지 말라는 속설인데요, 붉은색이 피와 죽음을 연상시키기 때문입니다. 다른 문화권에서 온 사람들은 이해하기 어려운 문화인데, 우리나라에서 생활하는 외국인들은 이 금기를 잘 몰라서 눈에 잘 띄고 예쁘다고 붉은 펜으로 이름을 쓰기도 합니다.

우리나라 축구 국가 대표 팀의 응원단 '붉은 악마'는 다들 잘 알고 있지요? 2002년 한일 월드컵 때 많은 사람들이 붉은색 옷을 입고서 우리나라 축구 팀을 응원한 이후 붉은색은 한국인의 열정, 역동성을 상징하는 색으로 사용되고 있습니다.

그러나 세계 현대사를 돌아보면 붉은색은 일반적으로 혁명, 사회주의, 공산주의를 상징합니다. 중국 국기 오성홍기五星紅旗, 옛 소련 국기, 베트남 국기를 보면 금방 알 수 있지요. 이때의 붉은색은 사회주의 국가를 건설하기 위해서는 인민의 피, 즉 희생이 필요하다는 것을 의미합니다. 물론 국기에 붉은색을 사용하는 나라는 많지만 다른 나라 국기의 붉은색은 피를 의미하지 않습니다. 예를 들어

프랑스 국기의 붉은색은 박애를, 싱가포르 국기의 붉은색은 평등을 뜻합니다.

혁명의 상징인 붉은색은 '빨갱이'라는 표현과도 연결됩니다. 빨갱이는 공산주의자를 속되게 부르는 표현인데요, 당연히 부정적인 의미로 쓰이고 정치적으로 매우 불온함을 의미합니다. 전쟁과 독재를 극복하고 이루어 낸 민주주의 국가의 안전을 위협하는 존재로 여기기 때문입니다. 과거에는 정치적인 이유로 빨갱이가 되어 억울하게 감옥살이를 하거나 목숨을 잃은 사람도 많았습니다. 그래서 우리 사회에는 빨갱이라는 말만 들어도 극단적인 반응을 보이는 레드 콤플렉스가 깊이 뿌리 박혀 있다고도 합니다.

이렇게 보면 붉은색은 부정적인 색으로 느껴지는데요, 이 색깔이 어쩌다 우리나라 축구 국가 대표 팀을 응원하는 색이 되었을까요? 우리 사회가 붉은색을 친근하게 인식하게 된 것은 1983년 멕시코 세계 청소년 축구 대회부터라고 할 수 있습니다. 이때 우리나라 대표 팀은 4강에 올라 전 세계를 깜짝 놀라게 했는데요, 이때 입었던 유니폼이 붉은색이었습니다. 태극 문양의 붉은색을 사용한 것이지요. 당시 외신들은 붉은 유니폼을 입고 종횡무진 달리는 우리나라 선수들을 '붉은 악령'이라 불렀다고 하는데요, 악령이라는 단어의 어감이 좋지 않아 국내에서는 '붉은 악마'로 바꾸어 불렀습니다.

이후 '붉은 악마'는 우리나라 축구 국가 대표 팀 응원단의 공식 명칭이 되었고, 2002년 한일 월드컵 당시 '붉은 악마'의 활약으로 우리 사회가 레드 콤플렉스를 떨치게 되었다는 견해가 있습니다.

붉은색을 가장 좋아하는 나라는 어디일까요? 대충 짐작했겠지만 중국입니다. 중국 영화에 등장하는 음식점을 보면 대부분 붉은색으로 장식되어 있습니다. 우리나라에 있는 중국 식당에도 붉은색 바탕에 금색으로 '복福' 자를 거꾸로 써 놓은 장식을 쉽게 볼 수 있는데요, 모두 행운과 행복을 기원하는 의미입니다.

중국에서는 붉은색을 행운의 색으로 여겨 결혼식 축의금도 붉은 봉투에 담아 건넵니다. 우리나라에서처럼 흰 봉투에 담아 주는 것은 죽음을 의미하기 때문에 금기시하지요. 새해를 맞아 아이들에게 세뱃돈을 줄 때도 역시 붉은 봉투에 담아 줍니다. 붉은색에 대한 중국인들의 애정은 붉은색이 귀신을 물리쳐 준다는 믿음과 붉은 봉투에 담긴 돈이 불처럼 일어나 부자가 되길 기원하는 의미에서 비롯된 것이라고 합니다.

중국에서 붉은색은 신성함을 의미하기도 합니다. 중국의 대표적인 전통 공연인 경극에는 얼굴에 검은색, 흰색, 빨간색 등으로 진하게 화장한 인물들이 등장하는데 빨간색으로 화장한 배우는 보통 충신이나 영웅 등 신성한 인물을 나타냅니다.

중국에서 흔히 사용되는 붉은 봉투

　지금까지 살펴본 붉은색의 상징적인 의미는 대부분 피, 불과 연관됩니다. 피와 불을 좋은 의미로 보면 생명, 젊음, 정열이지요. 이는 다시 흥분 또는 자극으로 연결되어 서양 문화에서는 힘과 욕망을 깨우는 색으로 활용됩니다. 반면에 피와 불을 나쁜 의미로 본다면 죽음과 위험이고, 이것은 다시 금지와 연결되지요. 그래서 붉은색은 교통 신호의 빨간불이나 운동 경기에서 퇴장을 명령하는 레드카드로 사용됩니다.

여러분은 붉은색의 다양한 상징 중에서 어떤 상징이 가장 마음에 드나요? 이제 우리 사회가 오래된 레드 콤플렉스에서 벗어난 만큼 적재적소에 붉은색의 다양한 의미를 활용해 보는 것도 재미있는 일이 되겠습니다. 좋아하는 사람이 있다면 붉은 장미 한 송이를 선물해 보는 것은 어떨까요?

사랑하는 사람을 어쩌다
허니로 부르게 되었을까?

좋아하는 사람이 있나요? 있다면 그 사람을 뭐라고 부르는지 궁금하네요. 혹시 '허니honey'라고 불러 본 적이 있나요? 외국 영화를 보면 연인이나 부부가 서로를 허니라고 부르는 장면을 볼 수 있습니다. 허니는 '꿀'인데, 왜 사랑하는 사람을 허니라고 부를까요?

꿀은 달콤함의 대명사입니다. 연인을 허니라고 부르는 것은 말뜻 그대로 달콤한 사랑을 담아 부르는 것이지요. 한국어에서는 어떤 가요? 무엇이 아주 달다는 것을 강조할 때 '꿀'을 덧붙여 말하지요. 예를 들어 '꿀배', '꿀참외', '꿀수박'처럼요. "아주 달게 자는 잠."은 '꿀잠'이라고 하고, '꿀물'은 "꿀을 탄 물."이나 "꿀처럼 단 물."을 뜻하기도 하지만 "노력의 결실이나 생활의 윤기를 비유적으로 이르는 말."이기도 합니다. 상대를 애정 어린 눈으로 바라볼 때는 '눈에서 꿀이 떨어진다'는 표현을 쓰기도 하지요.

이렇게 달콤한 꿀은 우리 전통문화에서 풍요를 상징합니다. 민간에서는 꿀이 피로를 풀어 주고 체력과 혈색이 좋아지게 하는 약으로도 사용되었기 때문에 장수를 상징하기도 하지요. 꿀의 효험은 과학적으로도 증명되어 조선 시대의 학자 이수광은 『지봉유설』에서 꿀로 만든 과자인 밀과蜜果를 약과藥果라고 하였습니다. 꿀이 모든 약 중에서 가장 으뜸이라는 의미이지요. 피곤할 때 꿀물을 마시면 기력이 회복된다는 것도 널리 알려져 있습니다.

신화 속의 꿀은 신의 음식, 영생의 음식, 불멸의 음식을 상징합니다. 또 활력을 주는 음식으로 최고신이나 풍요를 가져다주는 신에게 바치는 제물로 사용되었지요. 그리스에서는 꿀벌이 잠든 플라톤의 입술 위에 천사의 언어와 시적 영감의 꿀을 내려놓았다는 이야기가 전해져 오기도 합니다. 이때의 꿀은 웅변과 시적 재능, 지혜 등을 뜻합니다. 그래서 그리스 사람들은 호메로스, 핀다로스 등 위대한 시인의 입에는 꿀이 가득 채워져 있다고 생각했습니다. 신의 음식인 꿀이 입에 들어 있기 때문에 아름다운 시를 짓고 대중 앞에서 멋진 웅변도 할 수 있다고 여겼던 것이지요.

고대 그리스의 철학자 플라톤

기독교에서는 꿀이 신의 말씀을 뜻합니다. 성경에서는 이스라엘 민족에게 약속된 땅인 가나안을 "젖과 꿀이 흐르는 땅"으로 묘사하는데요, 이때의 꿀은 신의 축복을 의미합니다. 목축과 농업이 주된 생업이었던 이스라엘 사람들을 목축에 적합한 땅으로 인도하겠다는 신의 뜻이 담겨 있는 것이지요. 성경 가운데 솔로몬 왕의 경계와 교훈을 주 내용으로 하는 「잠언」에도 꿀이 등장합니다. 「잠언」 24장 13절에 "내 아들아 꿀을 먹으라. 이것이 좋으니라."라는 구절이 있는데, 여기서의 꿀은 지혜를 상징합니다. 사람이 꿀을 좋아하는 것처럼 사람의 영혼에 필요한 것이 지혜라는 가르침이지요.

반대로 불교에서는 꿀을 일시적인 쾌락에 비유하여 참된 깨달음을 방해하는 것으로 자주 언급합니다. 칼에 묻은 꿀을 먹으려고 한다면 어떻게 될까요? 날카로운 칼날에 혀를 다치게 되겠지요. 불교에서는 사람이 욕심을 버리지 못하는 것은 칼에 묻은 꿀을 핥으려는 것처럼 위험한 일이라며 마땅히 경계해야 한다고 말합니다.

불교에서 꿀은 욕심을 나타내기도 하는데, 이는 「스님과 상좌」 설화에 잘 나타나 있습니다. 한 스님이 꿀을 숨겨 놓고 혼자만 먹다가 상좌에게 들키자 이것은 독이라서 먹으면 죽는다고 거짓말합니다. 어느 날 스님이 없는 틈을 타 상좌가 꿀을 다 먹어 버리고는 스님이 아끼던 벼루까지 깨뜨려 버립니다. 스님이 돌아와 상좌를 꾸

짖자 상좌는 실수로 벼루를 깨뜨렸는데 혼날 것이 두려워 죽으려고 꿀을 먹었다고 대답하지요. 이 이야기는 주인공이 바뀌어 「훈장과 학동」 이야기로 전해지기도 합니다. 중국과 일본에도 비슷한 이야기가 있다고 하니 꿀이 귀한 만큼 욕심의 대상이 되기도 한다는 것을 알 수 있습니다.

최근 우리나라에서는 꿀벌이 무려 78억 마리나 사라졌다고 합니다. 원인은 정확하게 밝혀지지 않았지만 전문가들과 환경 단체는 이상 기후 현상을 주된 이유로 꼽습니다. 가을에는 춥고 겨울에는 이상하게 따뜻한 날씨가 꿀벌에게 악영향을 주었다는 것이지요.

꿀벌은 1그램도 되지 않는 작은 몸으로 전 세계 식물 75퍼센트의 수분을 책임지고 있습니다. 이러한 꿀벌이 갑자기 사라지고 있다는 것은 식물 종의 위기이자 인간의 위기입니다. 우리가 먹는 식량 대부분은 꿀벌 없이 열매를 맺지 못하기에 식량난이 발생할 수 있기 때문이지요. 어쩌면 우리는 벌이 만든 천연 꿀을 다시는 먹을 수 없을지도 모릅니다. 그렇게 된다면 꿀을 비유적으로 사용하는 일도 줄겠지요. 우리의 후대도 귀한 꿀의 상징을 좋은 일에 비유할 수 있도록 꿀벌을 지키려는 노력에는 무엇이 있을지 고민해 보길 바랍니다.

우리 할머니는 어쩌다
머리를 싸매고 눕게 되셨을까?

할머니나 할아버지가 머리에 흰 띠를 두른 모습을 본 적이 있나요? 드라마나 영화에서 집안 어른이 자손들의 행동이 마땅치 않아 머리를 싸매고 드러누워 있는 장면을 본 적이 있을 것입니다. 이처럼 어른들은 골치 아픈 일이 생겼을 때 머리에 흰 띠를 동여매고 드러눕곤 하는데요, 외국인들은 이 모습을 신기하게 여긴다고 합니다.

그런데 왜 머리에 흰 띠를 두르는 것일까요? 사람이 충격을 받으면 머리에 혈액이 몰리면서 혈관이 팽창하게 되는데요, 이때 머리를 묶어 압박해 주면 급성 두통이 완화된다고 합니다. 의학적으로 아주 근거 없는 행동은 아니라는 것이지요.

머리는 기본적으로 '사람'을 의미합니다. 그래서 사람이 몇 명인지 셀 때 '머릿수를 센다'고 하지요. 관용 표현에 사용될 때는 겸손, 사죄를 의미하여 용서를 구하거나 신에게 경배할 때 '머리를 숙이다'로 쓰기도 합니다.

머리는 또 사람 중에서도 특히 우두머리나 왕을 상징합니다. '우두머리'라는 단어 자체에도 머리가 들어 있지요. 패거리의 우두머리를 뜻하는 '두목頭目'에도 '머리 두頭'가 들어가고, 위에서 중심이 되어 집단이나 단체를 지배하고 통솔하는 사람을 뜻하는 '수장首長'에는 '머리 수首'가 들어갑니다.

우두머리와 왕은 보통 사람들 앞에 서지요? 앞이나 으뜸을 나타내는 말에도 '머리'가 들어갑니다. 신문의 첫머리에 싣는 중요한 기사를 '머리기사'라고 하고, 책이나 논문의 맨 앞에는 '머리말'이 들어갑니다. 대열이나 행렬, 활동의 맨 앞은 '선두先頭'라고 하고, '용의 꼬리보다 닭의 머리가 낫다'는 속담도 있습니다. 비슷한 맥락으로 머리에는 기초라는 의미도 있습니다. 건축물을 보면 '머릿돌'이 있어서 누가, 언제 세웠는지를 알 수 있지요.

사람을 비유하는 말이기도 하고, 으뜸이나 기초를 뜻하기도 하는 머리는 금기와도 밀접하게 연결됩니다. 금기란 하면 안 되는 것, 즉 금지된 것과 마음에 꺼려서 피하는 것 모두를 포함하는 말로 '터부

taboo'라고도 합니다. 나쁜 일이 생길까 봐 어떤 말이나 행동을 하지 않는 것이지요. 예를 들어 우리나라에서는 아이가 예쁘고 기특하다며 머리를 쓰다듬어 주는데 태국에서는 다른 사람의 머리를 만지는 것이 절대 금기입니다. 머리에는 영혼이 깃들어 있기 때문에 머리를 만지는 것은 신성함을 해치는 행위가 된다는 생각에서지요. 우리나라에는 사람이 누워 있을 때 그 사람 머리 위를 넘어가면 안 된다는 금기가 있습니다. 만약 머리 위를 넘어가면 키가 크지 않는다고 하니 반드시 지켜야 하는 무서운 금기이지요.

그리스 신화에서도 머리가 중요한 상징으로 나타납니다. 지혜의 여신 아테나는 제우스의 머리를 쪼개고 나오는데요, 이때의 머리는 지혜를 상징합니다. 또한 머리는 영혼의 집이기도 하고 생명 자체를 의미하기도 합니다. 그래서 과거 원시 부족의 전사들은 적을 죽인 후 생명의 정수를 빼앗고 힘을 없애기 위해 적의 목을 베고 머리를 수집했다고 합니다. 요즘에는 고급 인력을 전문적으로 스카우트하는 사람이나 회사를 '헤드헌터head hunter'라고 하는데 옛날에는 말 그대로 '머리를 사냥하는 사람들'이 있었던 것이지요.

상징은 은유와도 연결됩니다. 은유 중에서 부분으로 전체를 대신하는 것을 환유라고 하는데, 영어에서 head는 단순히 '머리'만을 뜻하는 것이 아니라 '사람'을 나타내기도 합니다. 예를 들어 good head는 똑똑한 사람이나 우수한 사람을, hothead는 성급한 사람이나 화를 잘 내는 사람을 의미하지요. 우리는 또 어떤 문제가 잘 풀리지 않을 때 '머리가 깨질 것 같다'거나 '머리가 터질 것 같다'고 하고, 화가 날 때는 '화가 머리끝까지 치밀다'를 쓰는데, 이는 몸은 그릇이고 감정은 액체라는 은유가 사용된 표현입니다.

'머리는 차갑게, 가슴은 뜨겁게'라는 표현에서도 머리는 합리적인 이성을 상징합니다. 머리는 신체의 한 부분이면서도 사람 전체를 표현하기도 하여 '소우주'와도 같은 상징으로도 봅니다. 영어에서 to keep one's head는 '침착하다', to lose one's head는 '이성을 잃다'는 의미인데, 가슴이 불과 같은 정열을 나타낸다면 머리는 차가운 이성을 나타내는 것입니다.

머리는 머리카락의 의미도 포함하고 있습니다. 옛날에는 머리카락을 자르지 않는 것을 부모에 대한 효로 보았습니다. 이는 유교의 '신체발부身體髮膚 수지부모受之父母 불감훼상不敢毁傷 효지시야孝之始也'라는 말에서 비롯된 것입니다. '신체발부'란 말 그대로 '몸과 머리카락과 피부'라는 뜻으로, 몸 전체를 이르는 말입니다. '수지부모'는 그 몸 전체를 부모님께 받았다는 의미로, 우리 몸은 부모님에게 받은 것이니 함부로 해서는 안 된다는 뜻입니다. 이는 유교 경전의 하나인 『효경』에 나오는 공자의 가르침으로, 부모님께 받은 몸을 소중히 여기는 것이 효도의 시작이라는 교훈을 줍니다.

이러한 가르침을 중요시했던 우리 조상들은 근대화의 바람이 불던 1895년 단발령이 내려지자 "머리를 자를지언정 머리카락은 자를 수 없다!"라며 강력히 반발하였고, 이는 나아가 의병 운동으로까지 번지게 됩니다. 머리카락이 효에서 발전하여 민족의 긍지, 자존심, 위엄을 상징했던 것이지요.

성경에도 머리카락을 자르지 않았던 인물이 나옵니다. 이스라엘의 장사 삼손인데요, 이스라엘을 적인 블레셋으로부터 구하는 것이 임무였던 삼손에게는 지켜야 할 특별한 금기가 있었습니다. 술과 부정한 것을 먹지 말라는 것과 머리카락을 자르지 말라는 것이었습니다. 그런데 삼손이 델릴라라는 여인을 사랑하게 되면서 문제가 생깁니다. 힘이 센 삼손을 눈엣가시로 여기던 블레셋인들이 델릴라를 매수한 것이지요. 삼손은 델릴라에게 머리를 자르면 힘이 약해진다는 것을 실토하고, 델릴라는 삼손이 잠든 사이에 머리카락을 잘라 버립니다. 결국 힘이 빠진 삼손은 사로잡혀 두 눈이 뽑히고 노예 생활을 하게 됩니다. 시간이 흘러 머리카락이 다시 자라자 삼손은 힘을 되찾아 블레셋인들을 죽이고 자신도 최후를 맞습니다. 이 이야기에서 삼손의 머리카락은 힘의 원천을 상징합니다.

반대로 불교에서는 머리카락이 세속적인 욕망과 인연을 상징합니다. 그래서 스님들은 삭발을 하여 세속의 인연과 일체의 번뇌를 끊고자 하는 것이지요.

현대에 와서 긴 머리카락은 인습에 저항하는 불복종과 자유의 상징으로 여겨지는데, 이는 1960년대 후반 미국에서 생겨나 전 세계로 퍼진 히피족을 통해 알 수 있습니다. 여러분은 히피족을 본 적이 아마 없을 텐데요, 이들은 기성의 사회 제도와 관습 등을 부정하고 인간성을 회복하여 자연으로 돌아갈 것을 주장하며 자유롭게 살고자 했습니다. 맨발에 편하고 자유로운 옷차림, 긴 머리가 이들의

긴 머리가 특징인 히피족

트레이드마크인데요, 요즘에도 록 가수나 예술가 중에 긴 머리를 한 사람이 많은 것은 이들의 영향을 받은 것이라 할 수 있습니다. 긴 머리를 통해 기성 문화에 얽매이고 싶지 않은 저항 의식이나 자유에 대한 갈망을 표현하는 것이지요.

혹시 요즘 머리 아픈 일이 있나요? 머리를 싸매고 누울 수도 있겠지만 결심이나 결단을 할 때에도 머리에 띠를 두른다는 것을 기억하고 힘을 내면 좋겠습니다. 머리에 띠를 두르고 무언가에 집중하는 모습도 멋질 것 같은데요, 일단 머리를 좀 식히고 나서 머리를 다시 써 보면 어떨까요?

3부

이 상징에
이런
의미가?

검정이 재난을
막아 주는 색이라고?

우리 주변에서 흔히 볼 수 있는 자동차 색깔은 무엇일까요? 대부분 흰색, 은색, 검은색 등을 떠올릴 텐데요, 실제로 우리나라 자동차는 거의 무채색 계열이라서 우리나라에 처음 온 외국인들은 깜짝 놀라기도 한답니다. 이는 튀는 색보다 무난한 색을 선호하는 한국인의 정서에서 비롯된 현상이라 할 수 있는데요, 자동차 색상으로도 개성을 표현하는 외국인들이 보기에는 매우 낯선 모습이겠지요.

우리의 문화적인 특성 때문이기도 하겠지만 자동차 하면 왠지 검은색의 각진 차가 떠오르는데요, 자동차의 역사를 되짚어 보면 그 이유를 알 수 있습니다. 1913년부터 자동차가 대량 생산되기 시작했을 때 자동차의 색상은 검은색 일색이었습니다. 기술이 발달하지 않았던 당시에는 검은색이 가장 구하기 쉬웠고 작업하기도 편했기 때문입니다. 게다가 도로 사정도 좋지 않았기 때문에 먼지가 묻거나 흠이 생겨도 티가 덜 나는 검은색 자동차가 부담이 적었던 것이지요. 이후 검은색은 자동차를 대표하는 색상이 되었습니다.

기술이 발전하면서 자동차 색상도 다양하게 변화했지만 고급 자동차는 여전히 검은색인 경우가 많습니다. 검은색이 풍기는 중후함, 안정감, 무게감 때문입니다. 검은색은 위엄, 권위, 권력 등을 상징합니다. 이는 성직자들의 옷을 보면 쉽게 알 수 있습니다. 검은색 사제복은 성직자들에게 권위를 부여하고 존경심을 일으키게 합니다. 법복도 마찬가지이지요. 운동 경기의 심판도 주로 검은색 옷을 입습니다. 그래서 보통 우리는 검은색 정장을 입고 검은색 자동차에서 내리는 사람을 보면 무의식적으로 권위가 있는 사람이라고 생각하게 됩니다. 여기에 검은색 선글라스까지 썼다면 뭐 하는 사람일까 자연스럽게 궁금해하겠지요?

이와 달리 우리 전통문화에서는 검은색을 재난을 막아 주는 상징으로 여겼습니다. 앞서 설명한 음양오행 기억하나요? 음양오행에서 검은색은 북쪽, 물, 겨울과 연결됩니다. 그래서 민속 신앙에서 화재를 막는 부적은 다른 부적처럼 빨간색으로 쓰지 않고 검은색을 사용했습니다. 아궁이같이 불을 쓰는 곳에 진한 먹으로 '물 수水' 자를 써서 거꾸로 붙여 놓기도 했는데, 이는 불이 나면 물이 쏟아지기를 바라는 주술적인 의미를 담고 있습니다.

화재에 취약했던 옛날에는 민간에서뿐만 아니라 궁궐에서도 물을 상징하는 검은색을 사용하여 불을 예방하고자 했습니다. 그래서 광화문, 근정전, 경회루 등 경복궁의 큰 전각에 붙인 현판의 바탕색을 검은색으로 했던 것입니다. 검은색이 상징하는 물의 성질이 궁궐의 화재를 막아 주기를 기원했던 우리 조상들의 간절한 마음을 엿볼 수 있습니다.

그런데 검정이 부정적인 상징으로 활용되면 어둠, 위협, 악, 죽음을 의미하게 됩니다. 검은색은 밤의 색채이기 때문입니다. 옛날 사람들은 해가 지고 밤이 되는 것을 두려워했습니다. 낮에 보이던 것들이 보이지 않게 되는 것 자체가 두려움이었고, 밤이 되면 온갖 귀신이 돌아다닌다고 생각했지요. 특히 서양에서는 검은색의 의미가 유난히 부정적인데요, 이는 유럽의 날씨와도 관련이 있다고 합니다. 유럽은 늘 흐린 날씨가 이어지기 때문에 밤도 더 어두워서 사람들이 더 위협적으로 느꼈다고 합니다.

검은색의 부정적인 의미를 조금 더 살펴볼까요? 흰색은 주로 검은색과 대비되는데 이는 각각 선과 악, 빛과 어둠, 순수와 타락, 삶과 죽음 등으로 연결됩니다. 여기서 긍정적인 의미를 담고 있는 것은 흰색, 부정적인 의미를 담고 있는 것은 검은색입니다. 검은색의 가장 부정적인 상징은 무엇일까요? 바로 죽음입니다.

인간이면 언젠가 맞닥뜨려야만 하는 죽음은 미지의 대상입니다. 죽음에 대한 두려움은 흔히 검은색으로 표현되는데요, 서양 문화에서 '죽음의 신'으로 불리는 그림 리퍼Grim Reaper는 모자가 달린 검은색 옷을 입고 큰 낫을 들고 나타납니다. 마녀도 검은색과 연결되는데요, 한밤중에 검은 옷을 입고 빗자루를 타고 하늘을 날아다니는 마녀는 공포의 대상이었지요.

검은색의 부정적인 상징 의미는 언어에도 반영됩니다. 사전에서 '검다'를 찾아보면 첫 번째 의미는 색깔 자체이지만, 두 번째 의미는 "속이 엉큼하고 흉측하거나 정체를 알기 어렵다.", 세 번째 의미는 "침울하고 암담하다."입니다. 이러한 의미는 우리말에서 관용적인 표현으로 '검은 속셈을 드러내다', '검은 마수를 뻗치다', '얼굴에 검은 그늘이 드리워지다', '앞날에 검은 구름이 덮치다'와 같이 사용됩니다. '흑심黑心'은 "음흉하고 부정한 욕심이 많은 마음."을 의미하고, '근묵자흑近墨者黑'은 "먹을 가까이하는 사람은 검어진다는 뜻으로, 나쁜 사람과 가까이 지내면 나쁜 버릇에 물들기 쉬움을 비유적으로 이르는 말."입니다.

죽음의 신 그림 리퍼

영어에서도 마찬가지입니다. 블랙리스트blacklist는 감시가 필요한 위험인물의 명단을 말하고, 블랙마켓black market은 법을 어기면서 몰래 물건을 사고파는 행위가 이루어지는 시장을 뜻합니다. 집안이나 조직의 골칫덩어리나 말썽꾼은 블랙십black sheep이라고 부르지요. 프랑스어에서도 비슷한 예를 찾아볼 수 있습니다. 프랑스어로 검은색은 누아르noir라고 하는데, 잔혹한 범죄와 폭력 등 암흑

가에서 벌어지는 내용을 다루는 영화의 한 장르를 누아르 영화라고 합니다.

이렇게 보면 검은색은 언어생활에서 주로 부정적인 의미로만 사용되는 것 같습니다. 그러나 시대가 변하면서 검은색이 긍정적인 의미로도 사용되기 시작했습니다. 블랙 라벨black label 이라는 말이 등장한 것이지요. 블랙 라벨이란 뛰어난 디자인과 품질을 갖추고 소재를 고급화하여 제품의 가격을 높인 옷을 말합니다. 명품 브랜드를 상징하는 용어로도 사용되지요.

모든 색깔을 다 섞으면 검은색이 되듯이 검은색의 긍정적인 상징과 부정적인 상징은 모든 색을 포용하는 검은색 자체의 특성에서 비롯된 것이 아닐까요? 위엄, 권위, 권력을 상징하지만 언어생활에서는 어둠이나 죽음과 관련된 부정적인 표현으로 사용되기도 하고, 시대적 변화의 흐름을 타고 명품의 상징으로도 사용되는 검은색. 이처럼 다양한 상징 의미를 지닌 검은색의 매력을 새롭게 느껴 보기 바랍니다.

돼지고기를 먹으면
안 되는 사람들이 있다고?

저는 직업상 다양한 국적의 학생들을 만납니다. 중국, 일본, 미국, 미얀마, 프랑스, 이집트, 사우디아라비아 등 여러 나라에서 온 학생들에게 한국어를 가르치고 있는데요, 학생들 중에는 한국 음식을 좋아하는 학생도 많지만 문화가 다르고 식습관이 달라서 한국 음식이 입에 맞지 않아 고생하는 학생도 꽤 많이 있습니다.

어느 날 학교 식당에서 한 외국인 학생이 영양사 선생님에게 무언가 질문하는 모습을 본 적이 있습니다. 들어 보니 점심 메뉴로 나온 소시지가 무슨 고기로 만든 것인지 묻고 있었습니다. 돼지고기로 만든 소시지인지, 소고기로 만든 소시지인지가 그 학생에게는 아주 중요한 문제였던 것이지요. 그런 질문을 처음 받아 본 듯한 영양사 선생님은 당황스러워했지만 곧 돼지고기로 만든 소시지라고 대답했고, 그 학생은 다른 메뉴를 선택했습니다.

그 학생은 종교적인 이유로 돼지고기를 먹지 않는 이슬람 문화권에서 온 학생이었습니다. 소시지에 들어간 약간의 돼지고기도 먹으면 안 될 정도로 이슬람 문화에서 돼지는 불결한 동물로 취급받습니다. 까닭이 무엇일까요? 이슬람교의 경전인 쿠란에 그렇게 적혀 있기 때문입니다.

쿠란에는 이슬람교도로서 먹을 수 있는 음식과 먹을 수 없는 음식이 여러 가지로 구분되어 있습니다. 이슬람교도에게 허용된 음식은 '할랄'이라고 하고, 금지된 음식은 '하람'이라고 합니다. '할랄 푸드'라는 말을 한 번쯤은 들어 보았을 텐데요, 그 할랄이 쿠란에서 말하는 할랄입니다. 그렇다면 쿠란에는 왜 돼지고기를 먹지 말라고 적혀 있을까요? 아쉽게도 그 이유는 신만이 알고 있다고 합니다.

이와 비슷하게 성경에도 먹어도 되는 동물과 먹지 말아야 할 동물이 자세히 나와 있습니다. 성경에서도 돼지는 먹을 수 없는 동물로 분류됩니다. 그래서 구약 성경을 절대적으로 지키는 일부 유대인들도 돼지고기를 먹지 않습니다.

인류학자 마빈 해리스는 『음식 문화의 수수께끼』에서 어떤 문화권에서 특정 음식을 선호하거나 선호하지 않는 까닭을 그들이 처한 생태학적인 조건에 최대한 적응한 결과라고 설명합니다. 거주 지역에서 가장 잘 자라는 음식을 선호하는 것이 인간이 살아가는 데에 유리하다는 것이지요. 조금 쉽게 설명해 볼까요? 우리가 쌀로 지은 밥을 주식으로 먹는 이유는 우리나라의 날씨와 토양에는 쌀농사가 가장 적절하기 때문이라는 것입니다.

이 설명에 따르면 돼지고기를 먹어서는 안 된다는 종교적 금기 역시 인간과 가축의 관계에 주목해서 이해해야 합니다. 이슬람교와 기독교가 생겨난 중동 지역의 사람들은 한곳에서 정착 생활을 하지 않고 주로 소나 양을 키우며 목초지를 찾아 이동하는 유목 생활을 했습니다. 이러한 환경에서 돼지는 키우기 쉽지 않은 동물이었지요. 돼지는 소나 양, 염소처럼 풀만 먹고는 살 수 없어서 사람이 먹는 음식을 나누어 주어야 하기 때문입니다. 그러니 사람이 먹을 것도 부족했던 고대 중동 지역의 척박한 환경에서 돼지를 키우는 것은 부담이 될 수밖에 없었겠지요.

게다가 돼지는 땀샘이 없고 털이 성글어서 황량하고 태양이 내리쬐는 곳에서는 살기 힘듭니다. 또 농사에 동원하거나 털이나 가죽, 젖을 가져다 쓸 수도 없습니다. 그러니 유목 생활을 하면서 오로지 고기만을 얻기 위해 돼지를 키우는 것은 비효율적이지요. 결국 중동 지역에서 발생한 기독교나 이슬람교에서 돼지고기를 금한 것은 합리적인 선택이라고 볼 수 있겠습니다.

돼지는 탐욕과 부정을 상징하기도 합니다. 일본의 애니메이션 「센과 치히로의 행방불명」에서 주인공 치히로의 부모는 주인 없는 가게에서 음식을 먹다가 벌을 받아 돼지로 변하고 마는데요, 탐욕을 상징하는 돼지를 잘 그려 낸 장면이라고 할 수 있습니다. 조지 오웰의 소설 『동물 농장』에도 탐욕스러운 돼지가 등장합니다. 다른 동물보다 똑똑했던 돼지 무리는 동물들과 함께 혁명을 일으켜 악덕 농장주를 쫓아내고 동물 공화국을 세웁니다. 그러나 돼지 지도부는 점점 권력의 탐욕에 빠져 돼지로만 구성된 위원회를 조직하고, 인간들이 그랬던 것처럼 다른 동물들을 탄압합니다.

이와 반대로 돼지는 풍요, 재물, 복을 상징하기도 합니다. 돼지는 새끼를 많이 낳는 동물로, 이는 재물이 불어나는 것과 연결됩니다. 그래서 예전에는 이발소나 식당에 어미 돼지가 새끼 돼지들에게 젖을 먹이는 그림이 걸려 있기도 했습니다. 돼지꿈을 꾸면 복권을 사는 것도 같은 맥락이지요.

우리 전통문화에서 돼지는 하늘과 땅에 제사 지낼 때 쓰는 희생물로 신성한 동물이었습니다. 요즘도 제사를 지낼 때나 굿을 할 때 돼지머리를 제물로 올리고, 개업식 같은 행사에서 고사를 지낼 때

재물과 복을 상징하는 돼지

상에 돼지머리를 올리기도 합니다. 고사를 지낼 때 돼지 코에 지폐를 꽂기도 하는데요, 이는 풍요와 복을 상징하는 돼지가 많은 재물을 가져오기를 바라는 마음을 담은 것입니다.

요즘에는 진짜 돼지머리가 아니라 돼지 모형이나 인형을 놓고 고사를 지내는 경우도 있습니다. 고사용으로 만든 돼지 모양 케이크도 있고, 종이접기로 돼지머리 모형을 만드는 키트도 있다고 합니다. 이는 시대가 변하며 동물권에 대한 인식이 높아진 것으로 볼 수 있는데, 돼지가 지닌 상징의 의미는 그대로 남아 있으니 참 흥미롭습니다.

우리나라 사람들은 매년 3월 3일을 '삼겹살 데이'라고 할 정도로 돼지고기를 자주, 많이 먹습니다. 황사나 미세 먼지로 몸속에 쌓인 나쁜 물질을 내보내는 데에 돼지고기를 먹으면 좋다는 속설도 있는데요, 의학적으로 증명이 되었든 안 되었든 돼지고기는 우리가 일상에서 흔히 접하는 음식입니다. 이슬람교나 유대교 문화와는 확연히 다르지요? 문화에 따라 동물에 대한 혐오와 선호가 달라지는 것을 알 수 있는 예입니다. 같은 지구 위 누군가는 신에 대한 충실함의 표시로 돼지고기를 먹지 않는다니 세상은 참 넓고 또 넓습니다.

이렇게 예쁜 꽃이
허무함을 상징한다고?

흔히 덕담으로 건네는 말 중에 '꽃길만 걷자'는 표현이 있습니다. 대중가요 가사에도 종종 쓰이는 표현인데요, 졸업식 때 후배들이 선배들에게 앞으로 꽃길만 걸으라고 말하며 졸업을 축하하기도 하지요. '꽃길'의 사전적 의미는 "꽃이 피어 있거나 꽃으로 장식된 길."이지만 사람들이 덕담으로 건네는 꽃길의 의미는 '순탄한 인생길'이나 '행복이 가득한 길'에 가깝습니다.

비슷하면서도 다른 꽃길도 있습니다. 결혼식장에서 화동이 신랑 신부의 앞길에 꽃을 뿌려 주는 것을 본 적이 있나요? 이것은 새로 탄생한 부부의 앞날을 축복하는 의미를 담고 있습니다.

그런데 왜 꽃길일까요? 꽃은 아름다움과 봄, 젊음과 온화함을 상징합니다. 긍정적인 의미를 다 아우르는 것 같지요? 여기서 끝이 아닙니다. 꽃은 인기가 많거나 아름다운 사람을 뜻하기도 하고, 아름답고 화려하게 번영하는 일을 의미하기도 하며, 중요하고 소중하며 핵심적인 것을 비유적으로 표현할 때 쓰이기도 합니다. 꽃은 좋은 일도 의미하는데요, "비단 위에 꽃을 더한다는 뜻으로, 좋은 일 위에 또 좋은 일이 더하여짐을 비유적으로 이르는 말."은 '금상첨화錦上添花'라고 합니다. 사극을 보면 과거 시험에서 장원 급제한 사람이 화려한 화관을 쓰고 금의환향하는 장면을 볼 수 있는데요, 조선 시대에는 문무과에 급제한 사람에게 임금이 어사화라는 종이꽃을 하사했습니다. 이때의 꽃은 명예, 입신양명을 상징하지요.

종교에서도 꽃이 빠지지 않습니다. 특히 불교에서는 꽃을 뿌리며 부처님을 공양하는 일을 산화공덕散花功德이라고 합니다. 그런데 지엄한 부처님과 예쁜 꽃이라니, 어떤 연관이 있는 걸까요?『삼국유사』에 따르면 신라 경덕왕 때 두 개의 해가 나란히 나타나 열흘이 되도록 사라지지 않는 기이한 일이 있었습니다. 태양이 두 개니 백성들이 얼마나 힘들었을까요. 이에 왕이 신하들에게 어찌해야 할지 물으니 천문을 맡은 관리가 인연이 닿는 스님에게 부탁하여 산화공덕을 베풀면 나쁜 운을 막을 수 있을 것이라고 말합니다. 이때 스님인 월명사가 산화공덕의 내용을 담은 향가 「도솔가」를 지어 부르니 해가 하나만 남게 되었다고 합니다.

꽃은 향가뿐 아니라 문학 전반에서 중요 소재로 쓰입니다. 대중가요로도 만들어진 김소월의 시 「진달래꽃」에는 사랑하는 사람이 떠나는 길에 진달래꽃을 뿌리겠다는 표현이 나오지요. 김춘수의 「꽃」도 떠오를 텐데요, 이때의 꽃은 존재의 의미로 해석할 수 있습니다. 떠날 때를 알고 떠나는 이의 뒷모습을 노래한 이형기의 「낙화」도 빼놓을 수 없는 작품이지요.

꽃은 아름답지만 금방 져 버리고 맙니다. 그래서 꽃은 일반적으로 일시적인 아름다움이나 매력적이면서 덧없는 존재 또는 세속적인 아름다움의 무상함을 나타냅니다. 또 강인한 생명력을 지닌 나무나 풀에 비해 약하기 때문에 생명의 덧없음이나 연약함을 의미하기도 합니다. 물론 오래오래 아름다운 자태를 유지하며 피어 있는 꽃도 있지만 대부분의 꽃은 며칠만 지나도 시들어 생기를 잃어버리므로 인생의 허무함을 보여 준다고 할 수 있지요.

그런데 진달래, 장미 같은 꽃만 꽃인 것은 아닙니다. 겨울에 눈이 많이 쌓이면 '눈꽃'을 볼 수 있고, 아이가 열이 나면 '열꽃'이 핍니다. 경쟁이 아주 치열할 때 '불꽃' 튀는 경쟁이라고 말하고, 염전에서 물기가 증발하고 남은 엉긴 소금 결정이나 땀으로 젖은 옷이 말라서 하얗게 생기는 얼룩을 '소금꽃'이라고 합니다. 즐겁고 재미나는 이야기를 할 때는 '이야기꽃'이 피었다고 하고, 꽃이 피어나듯 환하고 즐겁게 웃는 웃음이나 웃음판은 '웃음꽃'이라고 합니다. 이렇게 우리 주위에는 많은 꽃이 피어나지요. 어쩌면 쉽게 지는 꽃보다 이야기꽃이나 웃음꽃이 더 아름다울지도 모르겠습니다.

꽃길의 반대말로 사용되는 표현은 '가시밭길'입니다. 가시는 바늘처럼 뾰족하게 돋친 물체를 말하는데, 일반적으로 고난을 상징합니다. 그래서 '가시방석'이라고 하면 앉아 있기에 아주 불편하고 불안스러운 자리를 의미합니다. 가시가 비유적으로 사용될 때는 남을 공격하거나 불평불만의 뜻을 담은 표현이 되기도 합니다. '말에 가시가 있다'나 '가시 돋친 말'이라는 표현을 들어 본 적이 있을 겁니다.

영어에는 '가시 없는 장미는 없다No rose without a thorn'는 표현이 있습니다. 아무리 아름다운 장미라도 모두 가시가 있는 것처럼 완전한 행복은 없다는 의미로 쓰이는 말이지요. '가시밭'은 가시덤불이 우거져 있는 곳을 가리키는 말로, 괴롭고 어려운 환경을 비유적으로 표현할 때 사용합니다. '가시밭'과 '길'이 결합하면 괴로움과 어려움이 심한 경로를 비유적으로 이르는 '가시밭길'이 되지요. 그래서 힘겹고 험한 삶을 사는 것을 '가시밭길을 가다'로 표현합니다.

가시관을 쓴 예수님

　이러한 가시로 왕관을 만들 수도 있습니다. 보통 왕관은 금이나 각종 화려한 보석으로 만드는데, 최고의 권력자만이 쓸 수 있는 고귀한 것으로 존엄과 권위를 상징합니다. 하지만 가시나무로 만든 왕관은 아무도 쓰고 싶어 하지 않겠지요? 그 자체로 고난의 상징이니까요. 게다가 가시관을 쓰면 가시가 머리에 박히기 마련입니다. 손에 작은 가시가 하나만 박혀도 아픈데 가시나무로 만든 관을 쓰면 얼마나 아플까요?

그런데 실제로 가시관을 쓴 사람이 성경에 나옵니다. 바로 예수님인데요, 예수님이 십자가에 달리는 형벌을 받기 전 로마 군인이 예수님의 머리에 가시관을 씌우고 조롱합니다. 이때 가시관은 고난과 고통을 극명하게 보여 주는 상징으로, 예수님이 가시관을 쓰고 피를 흘리는 모습은 미술 작품에서 많이 다루어지는 소재입니다.

인생길을 가면서 누구나 가시밭길이 아닌 꽃길을 걷고 싶어 할 것입니다. 그러나 가시밭길을 선택하는 사람도 있습니다. 안정적이고 편안한 길을 두고 모험을 선택하거나 새로운 도전을 시작하는 사람에게 '꽃길을 마다하고 가시밭길을 선택했다'는 표현을 쓰기도 하는데요, 우리가 늘 꽃길만 걸을 수는 없겠지만 가시밭길도 꽃길로 가꾸어 갈 수는 있지 않을까요? 가끔은 가시에 찔릴 수도 있겠지만요. 한 드라마에서도 "꽃길은 사실 비포장도로야."라는 대사가 나오던데요, 지금 여러분이 가고 있는 길이 어떤 길인지, 앞으로 어떤 길을 갈 것인지 고민해 보는 시간을 가지면 좋겠습니다.

개가 있는 집에는
천사가 들어오지 않는다고?

개, 고양이 등의 동물과 함께 생활하는 사람들이 늘고 사회 인식이 변화하며 이제 애완동물이라는 말보다 반려동물이라는 말을 훨씬 더 많이 씁니다. '애완愛玩'은 "동물이나 물품 따위를 좋아하여 가까이 두고 귀여워하거나 즐김."으로, 동물을 생명을 가진 소중한 존재로 생각하는 것이 아니라 한낱 장난감으로 여긴다는 의미가 들어 있기 때문입니다.

이에 비해 '반려伴侶'는 "짝이 되는 동무."로, 인생을 함께 살아가는 동반자라는 의미가 있습니다. 남편이나 아내를 반려자라고 하지요? 이처럼 동물도 한 가족이 된 것이지요. 반려동물 중에서 사람과 가장 가까운 동물이 개인데요, 개는 낯선 사람을 보면 짖기 때문에 집을 지키는 수호신을 상징하기도 합니다. 이때 개가 지키는 것은 물리적인 공간으로서의 집만을 의미하지 않습니다. 주인의 재물과 건강까지 지켜 주는 것으로 인식되어 개는 수호신의 성격을 지니게 되었는데요, 그래서 옛날에는 개를 그린 그림이 귀신을 물리쳐 준다고 믿었습니다.

개는 주인을 잘 따르는 충성의 상징입니다. 개의 충성심을 보여 주는 이야기도 지역별로 다양하게 전승되고 있지요. 의구義狗 전설 혹은 의견義犬 전설에 등장하는 의로운 개는 들불을 꺼서 주인을 살리거나 호랑이 같은 맹수를 물리쳐서 주인을 구합니다. 또 주인을 해치려는 귀신을 물리치기도 하고, 억울하게 죽은 주인의 한을 풀어 주기도 하지요.

의로운 개 이야기 중 가장 대표적인 유형이 개 무덤 전설입니다. 실제로 개의 무덤이 남아 있기 때문에 전설이 된 것인데요, 「오수의 개」 이야기가 그중 유명합니다. 「오수의 개」는 잠든 주인을 구하기 위해 자신의 몸에 물을 적셔 불을 끄고 죽은 개의 이야기입니다. 뒤늦게 잠에서 깬 주인이 자신을 구한 개의 은혜를 기리기 위해 무덤을 만들어 주고 무덤에 지팡이를 꽂아 두었는데, 그 지팡이가 나무로 자랐다고 합니다. 그래서 '개 오獒'에 '나무 수樹'를 써서 '오수의 개'가 된 것이지요. 오수는 실제 지명인데요, 전라북도 임실군 오수면에 '오수 의견 공원'이 조성되어 충성스러운 개를 기념하고 있습니다.

개는 부정적인 의미를 나타내기도 하는데, 이는 개의 습성에서 비롯된 것입니다. 우리가 보기에 개는 온 동네를 떠돌아다니며 아무거나 다 먹는 것처럼 보입니다. 이런 습성을 가진 동물이 개밖에 없는 것은 아니지만 개는 다른 동물에 비해 사람과 가깝게 지내며 흔히 볼 수 있는 동물이기 때문에 귀하고 신성하다는 느낌보다는 천하다는 느낌을 주게 된 것이지요.

개의 부정적인 상징 의미는 주로 비유 표현에 사용됩니다. 이를테면 행실이 형편없는 사람을 '개'라고 비속하게 이르거나, 다른 사람의 앞잡이 노릇을 하는 사람을 '권력의 개'라고 낮잡아 이르는 경우처럼 말입니다.

접두사로서의 '개-'도 부정적인 의미를 담고 있습니다. 낱말 앞에 '개-'가 붙으면 '야생 상태의' 또는 '질이 떨어지는', '흡사하지만 다른'의 뜻을 더하기도 하고, '헛된', '쓸데없는'의 뜻을 더하기도 합니다. '개떡', '개살구', '개수작' 같은 말이 그렇습니다. 요즘에는 강조의 의미를 나타낼 때 접두사처럼 낱말 앞에 무턱대고 '개'를 붙이기도 하는데 원래 의미는 그렇지 않습니다.

다른 문화에서는 어떨까요? 이슬람교에서 개는 부정不淨한 동물입니다. 개에 대한 혐오는 이슬람교가 널리 퍼지기 전부터 이미 아랍 세계에 존재하고 있었는데요, 아랍 사람들은 개 중에서도 검은 개를 악마의 화신으로 여겼기 때문에 개가 불길함을 상징한다고 생각했습니다. 이슬람 문화권에서는 '개가 있는 집에는 천사가 들어오지 않는다'는 말이 있을 정도였는데, 여기에 개를 싫어했던 선지자 무함마드의 이야기가 더해져 개를 혐오하는 문화가 더 심해진 것으로 보입니다.

지금의 이슬람교는 알라만을 믿지만 당시 아랍의 귀족들은 여러 신을 숭배하고 있었습니다. 특히 아랍 문화권의 중심지였던 메카는 교통의 요지로 많은 사람이 왕래하며 다양한 신을 섬기는 도시였지요. 그러니 유일신인 알라를 전파하는 무함마드는 기득권에 도전하는 아주 거슬리는 존재였습니다. 그래서 메카의 귀족들은 무함마드를 제거하려고 했고, 결국 무함마드는 밤에 몰래 메카를 떠납니다. 귀족들은 사냥개를 풀어 무함마드 일행을 쫓기 시작하지요. 절박한 상황에 처해 있던 무함마드에게 개는 아주 위협적인 동물이었습니다. 게다가 동굴에 숨어 있을 때 주변에서 개가 짖어 잡힐 뻔했던 일까지 있었다고 하는데요, 바로 이 때문에 무함마드가 개를 싫어하게 되었다고 합니다.

이슬람 문화권에서의 개에 대한 부정적인 인식은 오늘날까지 이어지고 있습니다. 무슬림은 개를 집 안에서 키우지 않으며, 길을 가다 개와 닿기라도 하면 부정하다 하여 예배를 드리지 않습니다. 개의 침이 몸에 묻었을 때는 그 부분을 일곱 번이나 씻어 낸다고 합니다. 필요에 의해 사냥개나 양치기 개를 키우는 무슬림도 있지만 절대 맨손으로 개를 만지지는 않는다고 합니다.

이와 같은 개의 부정적인 상징 의미는 죽음과도 연결됩니다. 그리스 신화에 나오는 괴물 케르베로스는 머리가 셋 달린 거대한 개로, 저승의 문을 지키는 문지기입니다. 저승에 온 영혼이 나가지 못하게 감시하고, 살아 있는 사람이 저승에 들어오지 못하게 지키고 있지요. 케르베로스는 만화 「신비 아파트」와 게임 「메이플 스토리」 등에서 캐릭터로 활용되고 있습니다.

이집트 신화에는 개의 얼굴을 한 신이 있습니다. 죽은 자의 수호신 아누비스인데요, 죽은 사람을 미라 형태로 만들어 죽음의 신 오시리스 앞으로 인도하는 신이지요. 아누비스의 얼굴이 개가 아니라 갯과의 동물인 자칼이라고도 하고 늑대에 가까운 별개의 종이라는 설도 있는데, 어느 쪽이든 갯과의 동물이라는 것은 분명해 보입니다. 주인을 지키는 개의 이미지가 반영되어 있는 것이지요.

우리 전통문화에서도 개가 죽음과 연결되기는 하지만 무시무시

죽은 자를 미라로 만들고 있는 아누비스

하거나 위협적이지는 않습니다. 오히려 친근한 모습에 가깝습니다. 저승 설화에서 개는 죽은 이의 영혼을 저승길로 안내하거나 저승에 갔다가 다시 이승으로 돌아오는 사람에게 길을 알려 주는 길잡이 역할을 합니다.

제주도의 무가 「차사본풀이」를 보면 강림차사가 염라대왕을 만난 후 이승으로 돌아가는 길을 알려 달라고 하자 염라대왕이 흰 강아지 한 마리와 떡 세 덩이를 주면서 강아지에게 떡을 조금씩 떼어 주면서 뒤따라가면 옳은 길을 찾을 수 있을 것이라고 말하는 장면이 나옵니다. 흰색의 신성성과 안내자로서의 개의 상징성이 결합된 이야기이지요.

살아서는 주인에게 충성하고 주인과 주인의 집을 지켜 주는 용맹한 수호의 상징인 개. 비록 비유 표현에서는 긍정적인 의미를 지니지 않지만 죽어서까지 사람과 동행하는 반려동물이 개라는 것을 떠올려 보면서 이제부터는 우리 언어생활에서 부정적인 의미의 '개'는 빼는 게 어떨까요? 늘 우리 곁을 지켜 주는 개에게 미안하지 않도록 말이지요.

요즘에도
말을 타고 다닌다고?

전 국립 민속 박물관 천진기 관장은 말馬에 관해 강의를 할 때면 종종 이런 질문을 한다고 합니다. "혹시 오늘 말 타고 오신 분 있으신가요?" 조금 엉뚱한 것 같지만 말의 상징과 관련된 재미있는 질문입니다. 말의 대표적인 상징이 튼튼한 다리이기 때문이지요.

말 하면 먼저 박력과 생동감의 이미지가 떠오릅니다. 그래서 말은 사람의 다리라고 할 수 있는 교통수단, 특히 자동차와 관계가 깊습니다. 천진기 관장은 그 예로 포니, 갤로퍼, 에쿠스, 페라리를 들었는데요, 모두 우리에게 친숙한 자동차 이름이지요. 먼저 포니는 말의 한 품종으로, 몸이 작고 튼튼한 말을 가리킵니다. 갤로퍼는 '말이 전속력으로 달리다, 질주하다'의 뜻을 지닌 단어 gallop의 명사형으로 '질주하는 말'을 의미합니다. 에쿠스는 말을 분류하는 학명 중 하나로, '군마' 또는 '준마'를 의미하는 라틴어입니다. 세계적으로 유명한 스포츠카 브랜드인 페라리의 엠블럼은 앞발을 들고 뛰어오르는 말의 형상입니다. 말은 자동차의 이름에만 들어가지 않습니다. 관광버스 회사 이름에도 천마관광, 백마관광, 은마관광, 용마관광 하는 식으로 말이 등장합니다.

옛날 관리들이 지방에 나갈 때 역마를 징발하는 증표로 쓰던 마패에도 말이 새겨져 있습니다. 암행어사가 출두할 때 주로 사용하는 마패는 탐관오리를 처벌하는 무소불위의 권력을 나타내는 것처럼 보이지만 마패 자체가 권력을 상징하는 것은 아닙니다. 마패에는 관리들이 사용할 수 있는 수만큼 말이 새겨져 있는데요, 말의 숫자가 관리의 지위를 나타낸다고 하니 공직의 권위가 마패에도 담겼다고 볼 수 있습니다.

신화나 설화에서 말은 왕의 탄생 장면에 등장하는 신성한 동물이기도 합니다. 신라의 시조 박혁거세는 하늘에서 내려온 흰말이 전해 준 알에서 태어났고, 동부여의 왕 금와는 말 덕분에 발견됩니다. 이렇듯 말은 제왕이 출현하는 징표로서 신성시되었으며, 그 의미가 확장되어 태양, 하늘과도 연결됩니다.

우리 민족이 말을 신성한 동물로 여겼던 것은 다양한 유물을 통해서도 확인할 수 있습니다. 신화나 고분 벽화, 토우와 같은 유물에 등장하는 천마는 하늘과 통하는 신성한 영물입니다. 특히 천마총에서 발굴된 천마도에 그려져 있는 순백의 천마는 죽은 이의 영혼을 태우고 하늘로 가는 신앙물로 해석됩니다. 그리스 신화에도 날개 달린 말 페가수스가 등장하는 것을 보면 신성한 천마의 이미지는 동서양 문화의 공통점이라 할 수 있습니다.

말은 종교와도 밀접한 관련이 있습니다. 특히 백마는 불교와 연결됩니다. 부처님의 일대기를 여덟 장면으로 나누어 그린 그림 「팔

신라 시대 고분에서 발견된 천마도

상도」에는 부처님이 되기 전 왕자였던 싯다르타가 출가를 결심하고서 백마를 타고 궁을 떠나는 모습이 나옵니다. 사찰 창건 설화에도 말이 등장하는 경우가 많은데요, 중국 최초의 절 백마사는 한나라 명제가 인도에 파견했던 채음 스님과 진경 스님이 인도의 고승과 함께 백마에 불상과 경전을 싣고 낙양으로 돌아와 세웠다고 합니다. 이 절의 입구 양쪽에는 송나라 때 만든 두 마리의 백마 석상이 지금도 자리를 지키고 있습니다. 우리나라 법주사 창건 설화에도 말이 등장합니다. 신라 진흥왕 때 인도에서 흰 노새에 경전을 싣고 돌아온 의신 스님이 절터를 찾고 있었는데 노새가 한곳에 멈춰 서더니 갑자기 울기에 이를 기이하게 여긴 스님이 그 자리에 지은 절이 법주사라고 전해집니다. 성경에도 흰말이 나오는데요, 신약 성경의 마지막 권 「요한 계시록」에는 예수님이 흰말을 타고 다시 이 세상에 올 것이라고 쓰여 있습니다. 흰말은 이렇듯 신성과 위엄의 상징이기도 합니다.

우리나라에서도 비슷한 상징 의미를 찾을 수 있습니다. 말의 상징성과 흰색의 상징성이 결합한 것인데요, 우리 조상들은 위대한 인물이 하늘에서 내려올 때 또는 죽어서 하늘로 올라갈 때 타는 말을 백마라고 생각했습니다. 이는 문학 작품에서도 찾아볼 수 있습니다. 이육사의 시 「광야」에는 초인이 백마를 타고 올 것이라는 내용이 있습니다. 일제 강점기의 암울한 현실에서도 고난을 극복하고 새로운 세계를 염원하는 의지를 나타내는 이 시에서 민족의 지도자, 구원자, 후손 등을 의미하는 초인이 타고 오는 것이 바로 흰말인 것이지요.

다른 나라에서는 어떨까요? 옛날 중국에서는 조문객이 문상을 갈 때 흰말이 수레를 끌었다고 합니다. 일본에서는 지진이 났을 때 사람을 구해 주는 신의 사자가 흰말로 나타난다고 믿었습니다. 나라마다 말의 상징이 비슷하면서도 다르게 나타나는 것이 흥미로운데요, 장기의 '마馬'와 말 모양으로 생긴 체스의 '나이트knight'의 움직임이 같은 것도 참 신기합니다.

우리가 자주 쓰는 다크호스dark horse라는 표현은 경마에서 유래된 말로, 잘 알려지지 않은 말이 예상 밖의 우승을 했을 때 쓰는 말입니다. 원래는 실력이 확인되지 않은 말이나 의외의 결과를 가져올지도 모르는 말을 가리킬 때 쓰는 말인데, 이후 운동 경기나 선거 등에서 예상을 뛰어넘는 뜻밖의 강력한 경쟁 상대나 실력은 알 수 없지만 우승이 유력하다고 생각되는 경쟁 상대를 가리키는 말로 그 의미가 확장되었습니다.

이렇듯 말은 자동차에서부터 신화, 종교에 이르기까지 우리 생활 곳곳에 살아 있습니다. 실제 생활에서 말이 자동차로 대체된 지 오래되었지만 말의 상징성은 그대로 남아 있는 걸 보면 상징에 담긴 역사적 가치와 중요성을 다시 느끼게 됩니다. 여러분은 어떤 말을 타 보고 싶은가요? 지금 시대의 말을 타고 집에 가면서 한번 생각해 보면 재미있겠네요.

초승달이
우주를 항해하는 배라고?

2022년 8월, 우리나라 최초의 달 탐사 목적 궤도선인 다누리호가 발사되었습니다. 다누리호는 2023년 1월 1일부터 달 주위를 돌면서 여러 임무를 수행하게 되었습니다. 1969년 미국의 우주 비행사 닐 암스트롱이 인류 최초로 달에 첫발을 디딘 지 벌써 50년이 넘었지만 달을 정복하려는 인간의 꿈은 지금도 진행 중입니다.

밤하늘에서 가장 밝게 빛나는 달은 밀물과 썰물에 영향을 주기 때문에 조수를 주관하는 신적인 존재로 여겨졌고, 더 나아가서는 우주적인 변화의 힘을 주관하는 존재로 상징성이 확장되었습니다. 옛사람들도 동경의 대상이자 신비의 대상인 달을 보면서 달나라에

가는 것을 꿈꾸었지요. 그러나 달에 갈 수는 없었기에 달이 차고 기우는 모습을 보면서 수많은 신화와 이야기를 만들어 냈습니다.

전래 동화 「해님 달님」 이야기는 잘 알지요? 어머니를 잡아먹은 호랑이가 오누이까지 해치려 하는 이 이야기에서 오누이는 호랑이를 피해 하늘로 올라가 해와 달이 됩니다. 그런데 오누이 중에서 누가 해가 되고 누가 달이 되었는지 기억하나요? 여동생이 해, 오빠가 달이 되었지요. 다른 전승에서는 처음에 오빠가 해, 여동생이 달이 되었는데 여동생이 밤이 무섭다고 해서 오빠와 바꾸게 되었다고도 합니다.

그런데 달의 상징 의미를 생각하면 여동생이 달이 되는 것이 더 자연스러워 보입니다. 전통적으로 달은 여성, 해는 남성을 상징하기 때문이지요. 대부분의 신화에서도 달은 여신, 태양은 남신으로 나타납니다. 그리스 신화 속의 달의 여신 아르테미스와 태양의 신 아폴론이 떠오르지요? 아르테미스와 아폴론은 쌍둥이 남매입니다.

달이 여성을 상징한다는 것은 『삼국유사』에 수록된 「연오랑과 세오녀」 이야기를 통해서도 유추해 볼 수 있습니다. 연오랑과 세오녀 부부가 바위를 타고 일본으로 건너가자 원래 이들이 살던 신라에서는 해와 달이 빛을 잃습니다. 이에 신라의 왕이 사신을 보내 부부에게 돌아올 것을 요청하지요. 세오녀는 신라로 돌아가는 대신 자신이 짠 비단을 주며 하늘에 제사를 지내라고 합니다. 이후 해와 달이 빛을 되찾게 되지요. 이는 세오녀가 달의 정기였음을 보여 주는 것으로, 여성이 달을 상징한다고 해석할 수 있습니다.

달은 농업과 관련되면 풍요를 뜻하기도 합니다. 여성을 상징하는 달이 아이를 낳는 여성의 생명력 및 생산력과 연결된 것입니다. 음력 1월 15일 정월 대보름에는 한 해의 풍년을 기원하며 달집태우기 등 여러 행사를 합니다. 음력 8월 15일인 추석은 오곡이 가장 풍성한 때인데, 크고 둥근 보름달을 보며 소원을 빌지요.

그런데 예상과는 다르게 풍요를 의미하는 달의 상징성은 보름달보다 초승달일 때 강하게 나타납니다. 초승달은 고대 서아시아에서 우주적인 힘의 상징이었는데요, 옛날 사람들은 초승달을 달의 신이 우주를 항해하려고 만든 배라고 생각했다고 합니다.

현대의 초승달은 이슬람을 나타내는 대표적인 상징이지만 이 상징은 이슬람 제국이 등장하기 오래전부터 사용되었습니다. 비잔틴 제국에서는 기원전 341년에 이미 달의 여신 헤카테를 기리기 위해 초승달과 별 모양을 동전에 새겼는데요, 이는 갑자기 떠오른 초승달이 밤하늘을 밝혀 준 덕분에 적의 공격을 막아 비잔틴을 지킬 수 있었다는 전설 때문이라고 합니다. 이후 시간이 흐르며 초승달은 이슬람의 팽창을 가리키게 되었습니다. 라틴어로 초승달을 뜻하는

이슬람 사원 꼭대기에 있는 초승달 장식

단어의 어원 crescent 에 '증가하다'는 의미가 있기 때문이기도 하고, 초승달이 보름달이 되어 가는 것처럼 달은 계속 재생하는 것이라는 생각이 합쳐진 것이기도 하지요. 그래서 십자군 원정 때부터 초승달은 기독교의 십자가에 상응하는 이슬람의 상징이 되었습니다. 이 초승달은 증가, 부활, 신의 권위 등을 상징하는데 종종 천국을 의미하는 별과 함께 그려지기도 합니다. 이슬람 문화권 국가인 튀르키예, 리비아, 튀니지, 파키스탄, 말레이시아 등의 국기에서 초승달과 별을 함께 볼 수 있습니다.

인간은 보통 달이 떠 있는 밤에 잠을 자고 꿈을 꿉니다. 옛날 사람들은 달이 인간의 꿈을 지배한다고 생각하여 달을 신비하고 초자연적인 힘과 연결시켰습니다. 그래서일까요? 서양에서는 보름달이 광기를 불러온다고 생각했습니다. 달을 향해 울부짖는 늑대 인간이 떠오르지 않나요? 밤만 되면, 특히 보름달이 뜨는 밤에 인간이 사나운 동물로 변신하는 이야기는 많은 문화에서 공통적으로 나타나는데, 이는 달의 어두운 면 또는 월식과 관련됩니다. 유럽에서는 주로 늑대, 다른 지역에서는 재규어, 호랑이, 여우로 변신하는 이야기가 많습니다. 이는 인간이 동물적 본능에 압도되는 것을 상징적으로 표현한 이야기라 할 수 있습니다. 영어에서 '미치광이'라는 뜻을 가진 낱말 lunatic도 달을 의미하는 라틴어 luna에서 나온 말입니다.

이런 달에는 누가 살까요? 우리나라에서는 옥토끼가 방아를 찧고 있다고 생각하거나 두꺼비로 묘사하기도 합니다. 그런데 다른 나라에서는 같은 달을 보고 다른 모습을 찾아냅니다. 『십이지신 토끼』라는 책에 이 다양한 모습이 잘 나와 있습니다. 동유럽 사람들은 달의 검은 흔적에서 사람의 옆얼굴을 보았고, 독일·네덜란드·덴마크에서는 악행의 업보로 달나라에 유폐된 남자, 인도네시아에서는 옷감을 짜고 있는 여인, 베트남에서는 큰 나무 밑에서 쉬고 있는 남자, 오스트리아에서는 달에 살면서 등불을 켜기도 하고 *끄기도 하*

는 남자, 캄보디아에서는 보리수나무 아래 지팡이를 들고 앉아서 쉬는 할아버지를 보았다고 합니다. 몽골에서는 달 속에 개가 살고 있는데 거짓말을 하면 그 개가 짖는다고도 하지요. 나라 간, 민족 간 문화의 차이를 확인할 수 있는 이야기들입니다.

여러분은 달을 보면 뭐가 떠오르나요? 오늘 밤 밝게 떠오른 달도 여전히 미지의 세계, 소원과 이상향을 나타내고 있습니다. 밤하늘의 달을 보며 달나라로 여행을 가는 상상을 해 보면 어떨까요? 초승달 배를 타고 가면 더 재미있겠네요.

하늘은 둥글고
땅은 네모지다고?

저는 예전에 아이들이 어렸을 때 종종 "엄마 얼마만큼 사랑해?"
물었습니다. 그때마다 아이들은 큰 목소리로 "하늘만큼 땅만큼!"이
라고 대답했지요. 아마 그때 아이들에게는 하늘만큼 땅만큼이 자신
이 표현할 수 있는 최대치였을 것입니다.

인간이 태어나서 자신의 존재를 인지하는 것은 하늘과 땅을 경
험하는 것에서 시작된다고 합니다. 아기는 누워서 하늘을 보다가
기어 다니게 되면서 땅을 봅니다. 조금 더 큰 후에는 스스로 하늘을
올려다보게 되지요. 비로소 자신의 존재가 하늘과 땅 사이에 있다
는 것을 깨닫게 되는 것입니다. 이런 점에서 하늘과 땅은 가장 원초

적인 상징이라고 할 수 있습니다.

그래서일까요? 대부분의 창세 신화에서는 하늘과 땅이 나뉘면서 세상이 창조됩니다. 성경에는 신이 혼돈과 어둠만이 있던 세상에 첫째 날에 빛, 둘째 날에 하늘, 셋째 날에 땅을 만들고, 여섯째 날에 사람을 만든 후 일곱째 날 쉬었다고 기록되어 있습니다.

중국의 창세 신화인 반고 신화도 혼돈에서 시작합니다. 반고는 천지를 창조한 신인데, 혼돈 상태였던 알 모양의 우주를 거대한 손바닥으로 깨뜨려 하늘과 땅으로 나누었다고 합니다. 깨진 알에서 흘러나온 가볍고 푸른 물질은 천천히 위로 올라가 푸른 하늘이 되었고, 무겁고 혼탁한 물질은 점차 아래로 가라앉아 딱딱한 땅이 되었지요. 반고는 하늘과 땅이 다시 합쳐질까 봐 손바닥으로 하늘을 밀어내고 양쪽 발로는 대지를 디디며 자신의 몸을 매일 자라게 했습니다. 그러자 하늘과 땅의 거리도 그만큼 멀어져 하늘은 점차 높아지고 땅은 점점 두꺼워지게 되었다고 합니다.

제주도 무속 신화 「천지왕본풀이」도 혼돈 상태에서 하늘과 땅이 나뉩니다. 혼돈 상태였던 세상에 개벽의 기운이 돌기 시작하면서 하늘과 땅 사이에 금이 생겨나고, 이 금이 점점 벌어지면서 땅에 산이 솟고 물이 흘러내리며 하늘과 땅의 경계가 분명해지게 되었다고 합니다.

하늘은 필연적으로 날씨와 연결됩니다. 해가 뜨고 달이 뜨고 별이 반짝이고 비를 내려 주는 하늘은 신을 의미합니다. 신이 때에 따라 알맞게 태양 빛과 비를 내려 주기 때문에 사람들은 농사를 지을 수 있고 생존할 수 있었습니다. 그래서 하늘의 첫 번째 상징은 창조자 또는 초월적 존재입니다. 종교적 절대자를 부를 때도 '하늘+님' 즉 하느님으로 부릅니다. 애국가에도 "하느님이 보우하사"라는 가사가 나오지요. 이러한 하늘의 상징은 '하늘도 무심하시지', '하늘이 두렵지 않으냐', '하늘이 알고 땅이 안다', '지성이면 감천이다', '하늘에 맡기다', '하늘이 도왔다' 등의 관용 표현에서도 잘 나타납니다.

하늘은 신들이 거처하는 신성한 공간이기도 합니다. 단군 신화에서 환웅은 하늘에서 땅을 내려다보다가 인간들을 이롭게 하기 위해 땅으로 내려옵니다. 환웅 외에도 신화의 위대한 인물들은 대부분 하늘에서 내려오는데요, 이는 역사적으로 외래 민족의 유입으로 해석할 수 있습니다.

하늘이 날씨와 연결된다면 땅은 지진 등의 지각 변동과 연결됩니다. 그래서 옛날 사람들은 땅을 떠받치고 있는 존재가 따로 있다고 상상했습니다. 일본에서는 거대한 물고기, 인도에서는 거북이 등에 서 있는 코끼리, 북아메리카에서는 뱀이 땅을 떠받치고 있다고 여겼지요. 그리고 이 동물들이 움직이면 지진이 난다고 생각했다고 합니다.

서양에서도 하늘의 상징은 공통적입니다. 인류 공통의 원형 의식이라고도 할 수 있지요. 대부분의 문화에서 우주는 하늘, 즉 천상적인 것과 땅, 즉 지상적인 것으로 나누어져 있다고 생각했습니다. 하늘은 신과 영웅, 천사가 사는 영적인 곳이고, 땅은 인간과 동식물이 사는 물질적인 장소로 여긴 것이지요. 그래서 하늘은 신의 세계, 천사들이 사는 곳으로 신 자체, 신의 의지, 신의 섭리를 상징합니다. 여기서 확장되어 하늘은 천국과 낙원을 상징합니다. 최고의 행복과 기쁨이 있는 곳이지요.

동양의 전통적인 음양오행 사상에서 하늘은 양陽이자 남성, 땅은 음陰이자 여성을 상징합니다. 땅은 곡식을 길러 내는 어머니와 같은 존재로 지모신地母神을 의미합니다. 다산, 생존, 보호의 상징이며 주로 여신으로 나타나지요.

그리스 신화에서도 땅은 다산, 생존, 보호의 상징이며 주로 여신으로 나타납니다. 대지의 여신 가이아가 대표적인데요, 가이아는 땅을 뜻합니다. 데메테르 역시 대지의 여신, 풍요의 여신으로 인간에게 농업 기술을 알려 준 신입니다. 데메테르에게는 페르세포네라는 아름다운 딸이 있었는데, 페르세포네는 저승의 신 하데스에게

네모난 연못과 둥그런 섬이 조화로운 부용지

납치되었다가 저승의 음식을 먹는 바람에 지상으로 돌아오지 못하고 일 년 중 반은 저승에 있게 됩니다. 그래서 사랑하는 딸이 저승에 가 있는 겨울에는 데메테르의 슬픔 때문에 모든 작물이 자라지 못하는 날이 이어지고, 사랑하는 딸이 돌아오면 대지는 다시 봄을 맞이하게 되는 것이지요.

옛날 사람들은 하늘은 둥글고, 땅은 네모지다고 생각했습니다. 이를 천원지방天圓地方 사상이라고 하는데, 이는 중국 진나라 때 재상 여불위가 3천 명이나 되는 사람을 모아 편찬한 당대의 백과사전

『여씨춘추』에 나온 말로 우리나라에도 많은 영향을 주었습니다. 창덕궁 후원에 있는 부용지를 보면 이를 확인할 수 있는데요, 사각형 모양의 연못은 땅을 상징하고, 그 가운데 있는 둥그런 인공 섬은 하늘을 상징합니다.

'하늘과 땅'은 둘 사이에 큰 차이나 거리가 있음을 비유적으로 이르는 말입니다. 흔히 '하늘과 땅 차이'와 같은 표현을 많이 쓰지요. 상징을 아는 것과 모르는 것은 하늘과 땅만큼의 차이는 아니지만, 상징을 아는 만큼 우리를 둘러싸고 있는 세상에 대한 이해가 깊어질 수 있습니다. 앞으로 하늘만큼 땅만큼 사랑한다는 표현을 듣게 되면 오늘 살펴본 하늘과 땅의 상징을 떠올려 보세요. 얼마나 큰 사랑 고백인지 더 큰 감동으로 다가올 겁니다.

4부

어떤
상징이
같고 다를까?

블루와 푸른색은
무엇이 다를까?

'코로나 블루'라는 말을 들어 본 적이 있나요? '코로나'와 '우울'을 뜻하는 '블루'가 합쳐진 말인데, 비교적 최근에 생긴 신조어입니다. 전 세계적인 코로나19 바이러스의 확산으로 사회적 거리 두기 등 일상생활에 큰 변화가 닥치면서 생긴 우울감이나 무기력증을 뜻하는 말이지요. 그런데 왜 블루, 푸른색일까요?

영어에서는 푸른색을 우울함의 상징으로 봅니다. 그래서 '우울한 월요일'을 '블루 먼데이blue Monday'라 하고, 우울할 때에는 "I'm blue."라고 말합니다. 영화 「인사이드 아웃」에서 주인공이 슬픈 감정을 느끼도록 하는 캐릭터 '슬픔이Sadness'를 푸른색으로 표현한 것도 이런 이유 때문이지요. 또 피카소의 그림을 시기별로 구분할 때도 어두운 푸른색이 많이 사용된 시기를 '청색 시대'라고 부릅니다. 당시 피카소는 형제처럼 지내 온 친구의 자살에 충격을 받은 데다가 불안정하고 궁핍한 생활에서 외로움과 고통을 느낄 수밖에 없었고 이를 청색으로 표현했다고 하는데요, 이 시기에 그가 사용한 청색은 절망과 죽음을 암시합니다.

푸른색을 우울함의 상징으로 사용하는 것은 우리의 전통적인 정서와는 큰 차이가 있습니다. 우리 문화에서 푸른색은 맑은 가을 하늘이나 깊은 바다같이 맑고 선명한 색으로 다가옵니다. 그래서 우리가 보기에는 하늘도 푸르고, 산도 푸르고, 바다도 푸르지요.

또 우리말에서는 청색과 녹색을 구분하지 않고 사용하는 경우가 많습니다. 신호등 불빛을 말할 때도 흔히 파란불이라 하고, 영어의 Green Light도 주로 '청신호'로 번역합니다. 푸른 하늘, 푸른 바다, 푸른 산을 보면 어떤 느낌이 드나요? 뭔가 새로운 희망이 느껴지는 것 같지 않나요? '청운青雲의 꿈'이라는 표현만 보더라도 우리나라에서는 푸른색이 희망을 상징한다는 것을 알 수 있습니다.

그런데 이 푸른색이 2020년 '올해의 색'으로 선정된 이후 차분하고 안정감을 주는 색으로 새롭게 활용되고 있습니다. 미국의 세계적인 색채 연구소 팬톤은 매년 12월 새로운 한 해의 유행을 이끌어

갈 '올해의 색'을 발표해 왔는데요, 2020년에는 클래식 블루^{Classic} Blue가 선정된 것이지요. 팬톤이 선정하는 '올해의 색'은 패션, 가구, 디자인, 마케팅 등 산업 전반의 유행을 주도하며 다양한 분야에 영향을 미친다는 점에서 주목해 볼 만합니다. 서양에서 우울함을 상징하던 푸른색이 긍정의 의미를 지닌 색으로 재해석되고 있다는 것이 흥미롭습니다. 그렇다면 자연의 푸른색을 희망의 색, 청춘의 색으로 인식했던 우리 조상들은 어쩌면 시대를 앞서가는 미적 감각의 소유자가 아니었나 싶습니다.

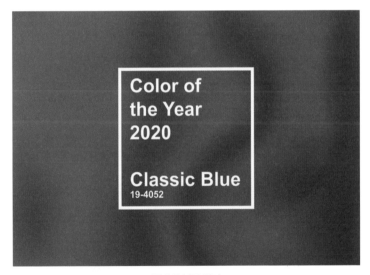

클래식 블루 컬러

하늘과 바다처럼 신비로운 느낌을 자아내는 푸른색은 이해, 보호, 안전, 평화 등을 상징합니다. 편안하고 안정적이며 신뢰감을 주기 때문에 광고계에서는 안전하고 인기 있는 색으로 꼽히지요. 푸른색의 긍정적 이미지는 '블루 오션Blue Ocean'이라는 말에서도 확인할 수 있습니다. 블루 오션은 경쟁자가 딱히 없어 부가 가치를 높일 수 있는 유망한 시장을 가리키는 말인데요, '물고기를 마음껏 잡을 수 있는 넓고 푸른 바다'라는 의미에서 유래된 단어입니다.

푸른색은 영국 왕실의 상징으로도 잘 알려져 있습니다. 왕족들의 의상에 쓰인 푸른색은 왕실의 권위와 근엄을 나타내는 데 아주 효과적이었지요. 실제로 엘리자베스 여왕은 생전에 푸른색 정장을 즐겨 입었다고 합니다.

그런데 왜 푸른색이 왕실의 상징이 되었을까요? 푸른색은 염료를 추출하기 어려워 중세 이래 상류층의 전유물이었다고 합니다. 그 때문에 푸른색은 자연스럽게 권위와 힘을 상징하게 되었지요. 그래서 'blue blood'는 귀족 가문을 나타내며, 특히 '로열 블루'는 왕실을 상징하는 색이 되었습니다. 2015년 중국의 시진핑 주석이 영국을 방문했을 때 로열 블루 컬러 넥타이를 매고 여왕을 만나 화제가 되기도 했습니다. 외교 전략의 하나로 색채상징을 활용한 것이지요.

색채는 정치에도 활용됩니다. 선거철이면 각 정당의 후보들이 당을 상징하는 색깔의 스카프를 매거나 점퍼를 입고 유세를 하는 모습에서 쉽게 느낄 수 있지요. 이 시기에는 특정 색상만 보아도 어느 당 사람인지 한눈에 알 수 있습니다.

이렇듯 색채는 시각적으로 메시지를 전달하는 강력한 상징입니다. 푸른색 하나만 보더라도 매우 다양한 상징으로 활용되고 있다는 것, 문화에 따라 다른 의미를 가지며 시대에 따라 그 의미가 변화한다는 것을 알 수 있습니다.

오늘 혹시 파란색 옷을 입었나요? 만약 그렇다면 그 파란색이 '우울의 블루'가 아니라 '희망의 푸른색'이 되어 여러분의 앞길을 환하게 밝혀 주었으면 좋겠습니다.

사자왕은 있는데 호랑이왕은 없는 까닭은 무엇일까?

　여러분은 호랑이가 더 무서운가요, 전염병이 더 무서운가요? 우리 조상들은 호랑이를 더 무서워한 것 같습니다. 이는 '호환 마마'라는 표현을 통해 추측할 수 있는데요, 이 말은 목숨을 잃을 것만큼 두려운 상황을 나타낼 때 쓰는 말입니다. '호환虎患'은 호랑이에게 변을 당하는 것을 말하고, '마마媽媽'는 전염병인 천연두를 일상적으로 이르는 말인데요, 우리 조상들은 전염병의 이름을 직접적으로 부르지 않고 '마마'라고 높여 부르며 극진히 대접하면 병이 물러갈 거라고 생각했던 것이지요.

　여기서 눈여겨볼 부분은 '마마'보다 '호환'이 더 앞에 쓰였다는 점입니다. 우리 조상들은 얼마나 호랑이를 무서워했기에 가장 치명적인 전염병인 천연두보다 호랑이를 더 먼저 이야기했던 걸까요?

『조선왕조실록』에서 '전염병'을 검색해 보면 1,052건이 나옵니다. '호랑이'는 그보다 적은 876건이 검색되고, '호환'은 64건이 검색됩니다. 기록으로 보면 전염병이 훨씬 더 무서웠을 것 같지만 백성들의 삶에서는 호랑이가 더 실제적인 공포의 대상이었나 봅니다. 그래서 산에서는 범이나 호랑이라는 단어를 입에 올리는 것조차 금기였습니다. 이 말을 하면 실제로 호랑이가 나타난다고 믿었기 때문에 '산신령' 등으로 완곡하게 표현했지요. 요즘에는 누군가에 대해서 이야기하고 있는데 공교롭게도 그 사람이 나타나면 '호랑이도 제 말 하면 온다더니' 하고 농담처럼 말하지만 옛날에는 정말 무서운 말이었지요.

우리 전통문화에서 동물에 관한 상징을 이야기할 때 가장 중요한 동물이 바로 호랑이입니다. 호랑이는 단군 신화에서부터 등장하는데요, 천제天帝 환인의 아들 환웅이 태백산백두산 신단수 아래로 내려와 신시神市를 세워 나라를 다스릴 때 호랑이와 곰이 찾아와 사람이 되게 해 달라고 합니다. 환웅은 곰과 호랑이에게 백 일 동안 동굴 속에서 해를 보지 말고 쑥과 마늘만 먹으면 사람이 될 수 있다고 하지요. 그런데 호랑이는 끝까지 참지 못하고 동굴에서 뛰쳐나와 사람이 되지 못하고, 곰은 스물하루를 견뎌 내 웅녀로 환생한 뒤 환웅과 혼인하여 단군을 낳습니다.

그런데 호랑이는 정말 도망갔을까요? 단군 신화에는 여러 이본異本이 있는데요, 그중에는 아예 호랑이가 등장하지 않는 것도 있습니다. 조금 이상하지 않나요? 우리나라의 경우 곰보다는 호랑이를 중심으로 한 신앙적 전승력이 활발하기 때문입니다. 그렇다면 이 시험에서 호랑이가 이겼어야 하는데 곰이 이기고 웅녀가 되어 단군을 낳았으니까요. 곰이 우리 문화에서는 미련하다는 부정적인 모습으로 나타나는 것이 일반적이지만 호랑이는 산신으로 상징되는 신성이 그대로 이어지고 있습니다. 이러한 사실에서 한민족이 형성된 지역이 한반도보다 훨씬 더 북쪽 지역이었을 것으로 추측하는 학자도 있습니다. 그렇기 때문에 그 지역에서 신앙의 대상이었던 곰을 호랑이보다 더 우월한 존재로 그렸던 것이 아닌가 생각해 볼 수 있지요. 그래서 환웅의 시험에서 결국 곰이 승리하는 것은 호랑이를 섬기던 부족과 곰을 섬기던 부족의 대결에서 곰 부족이 이긴 것을 의미하는 것으로 해석하는 것이 일반적입니다.

이렇듯 단군 신화에서 호랑이는 곰과는 대조적으로 참을성 없는 동물로 나타나지만, 우리 전통문화에서 호랑이는 신적인 존재와 같습니다. 호랑이를 신으로 모셔 제사를 지냈다는 기록도 남아 있을 정도이니까요. 절에 가면 산신각이 있는데 보통 여기에는 산신을 그린 산신도가 모셔져 있습니다. 이 그림 속의 호랑이는 산신의 사자 또는 화신으로서 산신 옆에 앉아 있기도 하고, 호랑이 자체가 산신으로 표현되기도 합니다. 엄숙하면서도 인자한 모습이지요.

일상에서는 이름을 부르는 것조차 금기시되었던 호랑이는 나쁜 기운을 막아 주는 수호신의 역할도 했습니다. 전염병보다도 무서웠던 호랑이는 귀신까지 잡아먹는다고 생각했던 것이지요. 그래서 호랑이는 고구려의 사신도에도 그려져 있습니다. 동쪽의 청룡, 남쪽의 주작, 북쪽의 현무와 함께 서쪽을 수호하는 백호로 나타나지요.

호랑이의 위엄과 힘은 나쁜 운을 막아 준다고 하여 조선 시대에는 호랑이 그림을 부적으로 사용했다고 합니다. 호랑이의 발톱, 이빨, 가죽에는 사람에게 닥치는 세 가지 재앙인 삼재三災를 물리치는 힘이 있다고 여겨졌는데, 특히 호랑이의 발톱은 여성들의 노리개 장식으로도 사용되었습니다.

이렇듯 우리 전통문화에서 호랑이는 매우 중요한데요, 그래서 호랑이는 전설과 설화 등 옛이야기에 빠지지 않고 등장합니다. '옛날 옛적에, 호랑이가 담배 피우던 시절에'로 시작하는 옛날이야기를 한 번쯤은 들어 보았을 텐데요, '호랑이가 담배 피우던 시절에'는 아주 오래 전 이야기를 말할 때 쓰는 표현이지만 사실 담배가 우리나라에 들어온 것은 임진왜란 직후인 16세기 말, 17세기 초라고 합니다. 그러니까 우리가 생각하는 것처럼 오래된 표현은 아니라는 것이지요.

우리 조상들은 호랑이를 무서워하지만은 않고 친숙한 존재로도 생각했던 것 같습니다. 옛날이야기에는 호랑이가 어리숙한 모습으로 등장하는 경우가 꽤 많습니다. 「곶감과 호랑이」, 「호랑이 꼬리 낚시」 같은 이야기를 보면 호랑이는 바보 같기도 하고 순진하기도 한 모습으로 나타납니다. 「효성 깊은 호랑이」 이야기에서는 효를 행하는 존재로도 나타나지요. 그래서 조선 시대의 민화를 보면 호랑이는 웃음이 나올 정도로 귀여운 모습으로 그려져 있기도 합니다.

호랑이는 사람으로 둔갑하기도 합니다. 『삼국유사』에는 「김현감호」 설화가 수록되어 있는데요, 신라 원성왕 때 처녀로 변신한 호랑이가 김현과 혼인한 뒤 오빠들의 죄를 대신하여 김현의 손에 죽게 되고, 그 업적으로 벼슬길에 오른 김현은 호원사라는 절을 지어 호랑이의 명복을 빌어 주었다는 이야기입니다.

사람이 호랑이로 변신하는 「황팔도」 설화도 있습니다. 황팔도라는 효자가 어머니의 병환을 고치려면 개 천 마리를 먹어야 한다는 의원의 말을 듣고, 산신의 도움으로 호랑이로 변신해 개를 잡아다 어머니에게 드립니다. 그러던 어느 날, 남편이 밤마다 나가는 것을

민화 속 호랑이

못마땅하게 여긴 아내가 호랑이로 둔갑했다가 사람으로 돌아오는 주문이 적혀 있는 책을 불태워 버렸고, 황팔도는 호랑이가 된 채로 떠돌다 포수가 쏜 총에 맞아 죽고 말지요.

호랑이에 대한 우리 조상들의 애정은 지도에까지 이어집니다. 우리나라 지도가 호랑이를 닮았다고 하는데요, 일제 강점기에는 일본 학자들이 토끼 모양으로 그렸다고 합니다. 이에 1908년 최남선이 우리나라 최초의 종합 월간지 『소년』 창간호에 호랑이 모양의 지도를 실었고, 이후 이 지도가 폭넓은 호응을 받아 민족의식을 고취하는 데 사용되면서 한반도는 호랑이 모양으로 그려지고 있습니다.

1988년 서울 올림픽의 마스코트가 호랑이가 된 것도 같은 맥락입니다. '호돌이'는 호랑이를 친근하고 귀여운 존재로 만들어 준 아주 획기적인 캐릭터라고 할 수 있습니다. 이러한 흐름은 2018년 평창 동계 올림픽의 마스코트 '수호랑'과도 연결이 되지요.

호랑이가 비유 표현에 사용되어 '호랑이 같다'고 하면 보통 무섭고 엄격하다는 의미입니다. 같은 의미로 '사자 같다'는 표현은 쓰지 않지요. 하지만 '호랑이 선생님'이라고 하면 겉으로는 아주 엄격하고 무섭지만 속정이 깊고 제자에 대한 사랑이 넘치는 존경스러운 선생님을 떠올리게 됩니다. 이와 달리 영어의 tiger mom은 자녀를 엄격하게 훈육하고 교육에 간섭하는 엄마를 가리키는데요, 이 표현에서는 정이나 따뜻함은 찾아볼 수 없습니다. 이로 미루어 서양에서의 호랑이는 난폭하고 흉포한 동물의 이미지가 강하다는 것을 알 수 있습니다.

반대로 사자는 영화 「라이언 킹」에서 볼 수 있듯이 밀림의 왕으로 정의롭고 용감한 존재로 그려집니다. 그래서 호랑이왕은 없지만 사자왕이라는 별명으로 불리는 왕은 있습니다. 프랑스의 루이 8세, 영국의 리처드 1세가 사자왕으로 불렸고, 스웨덴의 구스타브 2세는 '북방의 사자왕'이라고 불렸지요.

호랑이와 사자는 둘 다 동물의 왕으로 힘과 권력, 용맹을 상징합니다. 우리나라에서는 호랑이와 사자가 대학의 상징 동물이기도 하고, 스포츠 팀의 마스코트로 많이 사용되고 있습니다. 이렇듯 다양한 모습으로 우리와 함께 살아가고 있는 호랑이는 우리 문화에서 가장 중요한 동물 상징입니다.

용과 드래곤은
무엇이 다를까?

　대통령 선거 때가 되면 '잠룡'에 대한 뉴스를 자주 볼 수 있습니다. '잠룡'은 "아직 하늘에 오르지 않고 물속에 숨어 있는 용."을 가리키는 말인데요, 언론에서는 '차기 대권 후보', '유력한 대통령 후보'를 흔히 잠룡에 비유합니다. 왜 용일까요? 예로부터 중국을 비롯한 동아시아 문화에서 용이 '왕'을 상징하기 때문입니다. 왕의 얼굴은 '용안', 왕이 앉는 의자는 '용상', 왕이 입는 옷은 '용포', 왕의 혈통은 '용손龍孫'이라고 하지요. 왕의 눈물은 '용루'라고 합니다. 왕과 관계되는 것에는 거의 빠짐없이 '용'이라는 말이 붙어 있는 것을 알 수 있습니다.

훈민정음으로 쓴 최초의 작품인 「용비어천가」에서는 조선을 세우기까지의 여섯 선조를 '해동 육룡'으로 표현하고 있습니다. 제목의 '용비龍飛'도 글자 그대로 풀이하면 용이 난다는 뜻이지만 사전적으로는 "임금의 즉위를 성스럽게 이르는 말."입니다. 용이 '최고의 능력자', '위대한 존재'를 상징하는 것이지요.

그래서 용꿈은 왕 또는 크게 될 인물의 출생을 예고하는 태몽입니다. 「홍길동전」에서 홍길동의 태몽이 용꿈이었고, 「춘향전」의 이몽룡 역시 그러한데요, 몽룡夢龍이라는 이름 자체가 용꿈을 의미하기도 합니다. 신사임당이 율곡 이이를 가졌을 때도 용꿈을 꾸었고, 율곡을 낳은 방을 몽룡실夢龍室이라고 불렀습니다. 지금도 강릉 오죽헌에 가면 몽룡실을 볼 수 있습니다. 고려의 충신 정몽주의 태몽에는 흑룡이 나왔다 하고, 세종대왕의 태몽도 용꿈이었다고 하니 태몽 중에서 가장 좋은 꿈은 용꿈이라 할 수 있습니다.

용의 신성성은 왕뿐만 아니라 왕의 부속물에까지 미치기도 합니다. 고구려의 시조 주몽의 아버지 해모수는 천제天帝의 아들로 지상으로 내려올 때 다섯 마리의 용이 끄는 수레를 타고 내려왔다고 합니다.

물론 용은 상상의 동물입니다. 하지만 동아시아 문화권에서 용은 농경 문화에 매우 중요하고 신령한 동물로 여겨졌기 때문에 열두 띠 동물의 하나로 당당히 자리 잡게 됩니다.

용은 순우리말로 '미르'라고 합니다. '미르'는 '물'과 어원이 같은 말로, 용은 수신水神을 의미합니다. 그래서 용은 바닷속 용궁에 살면서 비를 몰고 다닙니다. 한 해 농사의 성공을 좌우하는 것이 비이지요. 그래서 각 지역에서는 용신제를 지내고, 가뭄이 심하면 용에게 기우제를 지냈습니다. 어촌에서는 용왕굿을 하여 뱃사람들의 안전과 풍어를 기원했지요.

신화나 설화에서는 나라를 세우는 왕의 조상으로 용이 등장하기도 합니다. 신라의 제4대 왕 석탈해는 용성국龍城國의 왕자였으나 알에서 태어났기 때문에 불길하게 여겨져 부모에게 버림받습니다. 탈해의 아버지는 탈해를 온갖 보물과 함께 궤짝에 넣고 배에 태워 인연이 닿는 땅으로 가게 했는데요, 이 배를 붉은 용이 호위하여 가락국까지 오게 됩니다. 탈해의 비범함을 알아본 남해왕은 탈해를 사위로 삼고, 이후 탈해는 왕위에 오르지요.

고려 태조 왕건의 할머니는 서해 용왕의 딸로 왕건의 신성성을 강조해 줍니다. 또 백제 무왕 서동의 아버지는 남지南池라는 연못의 용이었고, 후백제의 왕 견훤의 아버지는 지룡地龍, 즉 큰 지렁이였다고 합니다. 신라의 시조 박혁거세의 왕비 알영 부인은 상서로움을 상징하는 상상의 동물 계룡이 낳았다고 하지요.

신라의 문무왕은 평상시에 자신이 죽은 뒤에 나라를 수호하는 큰 용이 되어 왜적을 물리치고 불교의 힘으로 나라를 지키겠다고 합니다. 문무왕이 세상을 떠난 후 신문왕이 아버지 문무왕을 위해 동해에 감은사를 짓는데요, 어느 날 그 앞바다에 작은 산 하나가 떠옵니다. 왕이 이상하게 여겨 천문을 맡은 관리에게 점을 쳐 보라 하니, 죽어서 해룡海龍이 된 문무왕과 천신天神이 된 김유신이 합심하여 삼한을 수호하고 있는데 성을 지키는 보물을 내리려고 한다는 이야기를 합니다. 이에 왕이 해변으로 나가 보니 산 위에 대나무가 있었는데 낮에는 둘로 나뉘었다가 밤에는 하나로 합쳐졌습니다. 왕이 배를 타고 그 산으로 들어가니 용이 검정 옥대를 가지고 와서 왕에게 바치고, 산에 있는 대나무를 가져다가 피리를 만들어 불면 천하가 화평할 것이라고 합니다. 이 피리가 바로 거센 물결을 잠재우는 '만파식적'입니다. 이 이야기에서 용은 불법을 수호하는 호법신이자 나라를 지키는 호국신을 상징합니다.

용은 사찰에서도 쉽게 찾아볼 수 있습니다. 사찰에 들어서면 법당의 대들보, 처마 밑, 닫집, 계단 등에 용이 장식되어 있고, 벽화, 탱화, 단청 등에도 용이 그려져 있습니다. 절에 설치된 종에도 대부분 용이 조각되어 있고, 황룡사, 구룡사, 쌍룡사, 금룡사, 용주사, 회룡사 등 절 이름에도 '용'이 들어가는 경우가 많습니다.

문무왕의 무덤인 대왕암

　이렇게 성스러운 용이 승천하고 온갖 조화를 부리기 위해서는
필요한 것이 하나 있습니다. 용이 입에 물고 있거나 턱 아래에 갖고
있는 신비한 구슬 여의주인데요, 이것을 얻으면 무엇이든 뜻하는
대로 할 수 있다고 합니다. 보물을 만들어 낼 수도 있고, 병을 낫게
할 수도 있지요. 그래서 '여의주를 얻은 듯'이라는 속담의 뜻은 "일
이 뜻대로 척척 되어 감을 비유적으로 이르는 말."입니다.

　물고기인 잉어도 용이 될 수 있는데요, 방법은 바로 용문龍門을
오르는 것입니다. 용문은 중국의 황허강 중류에 있는 급류로, 잉어
가 이곳을 뛰어오르면 용이 된다는 전설이 있습니다. 여기서 '등용
문'이라는 말이 유래되었는데요, 등용문이란 어려운 관문을 통과하

여 크게 출세하게 되는 것이나 그 관문 자체를 이르는 말입니다. 물고기인 잉어가 물속뿐만 아니라 하늘까지 자유자재로 날아다니는 용이 된 것이니 엄청난 신분 상승을 한 것이지요. 그래서 간혹 '용됐다'는 표현을 쓰는데, 이 말은 변변하지 못하던 것이 크게 좋아진다는 의미로 칭찬이라 할 수도 있지만 듣는 사람에 따라서는 기분이 나쁠 수도 있으니 조심해야 합니다.

서양의 용은 어떨까요? 서양에서의 용은 퇴치해야 할 악한 존재입니다. 그래서 중세에는 용을 물리친 기사가 영웅이었습니다. 영국의 수호성인 성 게오르기우스가 대표적입니다. 그리스 신화에는 영웅 페르세우스가 용의 원형이라 할 수 있는 바다 괴물을 물리치고 제물로 바쳐진 안드로메다 공주를 구해 내는 이야기가 나옵니다. 빼앗긴 왕좌를 되찾기 위해 모험을 떠나는 이아손의 이야기에도 잠들지 않고 황금 양털을 지키는 무서운 용이 등장하지요.

이렇게 동양의 용과 서양의 용은 둘 다 상상의 동물이지만 성격은 매우 다릅니다. 동양의 용이 비를 내리게 한다면 서양의 용은 불을 뿜습니다. 또 동양의 용은 깊은 바닷속의 용궁에 살지만 서양의 용은 바위틈이나 어두운 동굴 속에 삽니다. 영화 「호빗」에서 용이 어두운 동굴 속에서 탐욕스럽게 온갖 보물을 지키고 있는 장면을 볼 수 있습니다.

그러나 문화가 변화하면서 동양의 용과 서양의 용을 선과 악, 이분법적으로 볼 수만은 없게 되었습니다. 서양의 경우 애니메이션 「슈렉」에 등장하는 용은 덩치는 크지만 사랑 앞에서는 순수한 모습을 보이는 캐릭터로 등장합니다. 「드래곤 길들이기」에서는 용이 주인공의 둘도 없는 단짝으로 나오지요. 이런 변화는 긍정적이라 할 수 있습니다.

이에 비해 동양의 용은 상징성이 많이 퇴색된 듯합니다. 이제는 어려운 환경에서도 희망을 갖게 했던 '개천에서 용 난다'는 속담이 더는 유효하지 않게 되었습니다. 과거에는 어려운 환경에서도 열심히 노력하면 '용'이 될 수 있었지만 요즘에는 집안이나 부모의 전폭적인 지원이 없으면 성공하기 어려운 세상이 된 것이지요.

용이 실존하는 동물이 아니라는 것을 모르는 사람은 없겠지만, 그래도 용의 상징성만큼은 기억했으면 합니다. 우리의 삶을 지켜주는 수호의 상징이자, 오랜 고난 끝에 여의주를 물고 하늘로 날아오르는 희망의 상징으로 말이지요. 여러분도 용처럼 힘차게 날아오르길 바랍니다.

토끼와 여우의
공통점은 무엇일까?

우리를 빠져나가 달아나는 토끼의 기세처럼 매우 빠르고 날랜 기세를 '탈토지세脫兎之勢'라고 하는 것을 보면 토끼는 옛날부터 아주 재빠른 동물로 인식되었다는 것을 알 수 있습니다. 그래서 '토끼 둘을 잡으려다가 하나도 못 잡는다'는 속담이 생긴 것 같습니다.

토끼는 우리나라 민담에서 매우 영리하고 착한 동물로 그려집니다. 몸집이 작고 힘도 약하지만 덩치가 크고 힘이 센 동물에 맞서는 꾀 많은 동물로 등장하는 경우가 많습니다. 특히 호랑이를 잘 속이고,「별주부전」에서처럼 자라도 잘 속이지요.

그렇다면 토끼는 무엇을 상징할까요? 십이지 동물 중 넷째인 토끼는 성장, 풍요, 다산, 장수를 상징합니다. 모두 농경 문화에서 중시하는 가치이지요. 토끼는 발정기가 일정하게 정해져 있지 않고, 임신 기간도 한 달 정도로 짧기 때문에 새끼를 많이 낳을 수 있습니다. 왕성한 번식력은 곧 풍요와 다산의 상징으로 연결되지요.

토끼가 장수를 상징하는 것은 중국의 서왕모 신화와 연결됩니다. 서왕모는 곤륜산에 사는 여신으로 장생불사의 약을 가지고 있었습니다. 어느 날 '예'라는 남자가 서왕모를 찾아오는데, 예는 태양이 열 개나 떠올라 사람들이 살기 힘들어하자 활로 해를 쏘아 떨어뜨린 영웅이었습니다. 천제의 아들인 태양을 쏘아 천제의 미움을 산 예의 처지를 딱하게 여긴 서왕모는 예에게 불사약을 주었는데요, 예의 아내 항아가 남편 몰래 혼자 그 약을 다 먹고 달로 도망쳐 버립니다. 그 죄로 미인이었던 항아는 두꺼비로 변하고 말지요.

그런데 이 두꺼비가 후대에 와서는 달의 정령인 토끼와 불사목不死木인 계수나무와 함께 등장합니다. 이는 불교의 영향으로 해석됩니다. 불교에서 토끼는 굶주려 죽어 가는 노인을 살리기 위해 자신을 불태워 바친 자비로운 동물입니다. 이에 감동한 제석천은 토끼를 달나라로 옮겨 주었고, 이 덕분에 토끼는 달의 정령이 되어 불사약을 만들게 되었습니다. 이 이야기는 우리나라에도 전해져 고구려의 고분 벽화에도 달의 정령인 두꺼비와 토끼가 함께 그려져 있습니다.「별주부전」에서 토끼의 간이 만병통치약으로 나오는 것도 토끼가 장수의 상징이었다는 것을 보여 주는 것이라 할 수 있습니다.

그런데 우리는 왜 토끼를 자식을 비유할 때 많이 쓸까요? 토끼가 다산, 풍요, 장수의 상징인 것과 '토끼 같은 자식'이라는 표현은 연결이 잘 되지 않는 것 같습니다. 이와 같이 동물은 상징 의미와 비유가 완전히 일치하지는 않는 경우도 있습니다. 하지만 하얀 토끼를 떠올려 보면 정말 귀엽고 사랑스럽지요. 작고 귀엽고 연약해서 보살펴 주어야 하는 존재로서 토끼의 온순한 이미지가 우리 문화 속에 이어져 내려와 '토끼 같은 자식'이라는 비유가 오늘날에도 계속 사용되고 있는 것입니다.

이러한 사고는 역사적 유물을 통해서도 찾아볼 수 있습니다. 고려 시대의 청자 칠보 투각 향로를 보면 아래쪽에 세 마리의 토끼가 연꽃으로 덮인 향로를 떠받치고 있는데요, 이는 부부애와 자손을 기원하는 의미라고 합니다.

토끼가 자식이라면 여우는 아내를 의미합니다. 국어사전을 찾아보면 '여우'는 본뜻 외에 "매우 교활한 사람을 비유적으로 이르는 말."이나 "하는 짓이 깜찍하고 영악한 계집아이를 비유적으로 이르는 말."로 풀이되어 있습니다. 영어사전에서도 'fox'를 찾아보면 "교활한 사람, 매력적인 여자."라는 뜻이 제시되어 있습니다.

청자 칠보 투각 향로

이렇게 여우는 동서양을 막론하고 '교활하고 꾀가 많은 짐승'으로 인식되고 있습니다. 그래서 위선, 기만, 아첨 등을 상징하기도 합니다. 그러나 이렇게만 본다면 우리가 흔히 쓰는 '여우 같은 마누라'나 '여우 같은 아내하고는 살아도 곰 같은 아내하고는 못 산다'는 말은 이해하기 힘든 표현입니다.

여우는 교활함, 위선, 아첨 등의 부정적인 의미 외에 눈치가 빠르고 영리하다는 긍정적인 의미도 담고 있습니다. 강감찬 장군의 탄생 설화에는 강감찬의 어머니가 여우로 등장하는데요, 이 이야기에서 여우는 자연의 근원적 힘, 지혜와 관련한 풍요를 암시하는 존재로 해석됩니다.

'토끼 같은 자식'과 '여우 같은 아내'는 어찌 보면 한국의 평범한 가정을 비유하는 대표적인 표현이라고 할 수 있겠는데요, 이 표현을 통해 토끼와 여우의 상징 의미를 다시 한번 생각해 보기 바랍니다.

한 번은 우연, 두 번은 필연,
그렇다면 세 번은 무엇일까?

우리가 흔히 쓰는 말 중에 '삼세번', '삼세판'이라는 말이 있습니다. 무슨 일을 하거나 승부를 겨룰 때 세 번은 해야 한다는 것인데요, 가위바위보도 세 번 하고, '만세 삼창'이라는 말이 있듯이 만세를 할 때도 보통 세 번을 합니다. 제사상에 술을 올릴 때도 꼭 세 번 올리지요. 왜 세 번일까요? 한 번만 하면 뭔가 허전하고, 두 번은 아쉽고, 세 번은 해야 가득 찬 느낌이 듭니다. 이렇듯 숫자 3에 대한 선호는 우리 문화의 중요한 특징입니다. 3은 홀수 1과 짝수 2가 더해진 완전수입니다. 이때의 완전수란 수학에서 말하는 완전수가 아니라 음양陰陽의 조화가 완전히 이루어진 수라는 의미입니다. 우리나라의 수 문화를 기수 문화라고도 하는데요, 기수는 홀수를 의미합니다. 홀수를 길한 날로 여겨 설1월 1일, 삼짇날3월 3일, 단오5월 5일, 칠석7월 7일을 좋은 날로 생각하지요. 중국에서 짝수를 선호해서 뭐든 한 쌍을 선물하는 것과는 차이가 있습니다.

3은 조화와 안정을 상징하는데요, 이러한 상징은 고대에 사용되었던 세발솥에서부터 찾아볼 수 있습니다. 이 솥은 제사에도 사용되었기 때문에 예기禮器로서 매우 귀중하게 다루어졌습니다. 그래서 정교하게 만들어진 청동 세발솥은 권력을 상징하기도 합니다. 언뜻 생각하기에는 네발이 더 안정적일 것 같지만 네발 중에 하나만 길이가 달라도 삐걱거려서 오히려 다리가 셋 달린 것이 더 안정적이지요. 그래서 카메라 삼각대도 네발이 아니라 세발입니다.

3은 전통적으로 신성하고 길한 수로 여겨져 왔습니다. 음력 3월 3일을 삼짇날이라고도 하는데, 이 날은 3이 중복되어 양기가 충만한 날입니다. 「흥부전」에서 강남 갔던 제비가 박씨를 물고 와 흥부를 부자로 만들어 주는 날이 바로 삼짇날입니다. 유교에서는 사람이 마땅히 지켜야 할 도리의 기본이 되는 세 가지, 즉 '군위신강', '부위자강', '부위부강'을 '삼강三綱'이라고 하여 임금과 신하, 부모와 자식, 남편과 아내 사이에 지켜야 할 예절을 강조합니다. 태양에 산다는 까마귀는 발이 셋 달린 '삼족오'이고, '삼절三絕'은 문장과 글씨, 그림에 모두 능통함을 의미하지요. 3·1운동 때 독립 선언서에 서명한 민족 대표가 33인인 것도 우연이 아닌 것 같습니다.

우리 전통문화에서 3의 중요성은 단군 신화에서도 나타납니다. 먼저 환인이 인간 세계인 삼위태백을 내려다보고, 환웅에게 천부인 세 개를 주어 세상을 다스리게 합니다. 7일이 세 번 반복되는 삼칠일 만에 곰이 웅녀가 되어 단군을 낳음으로써 환인―환웅―단군으로 이어지는 세 신격이 완성됩니다.

단군 신화를 비롯하여 신화의 세계관은 천지인天地人, 즉 하늘과 땅과 사람, 이렇게 셋으로 구분된다고 합니다. 이를 달리 보면 3은 바로 '나'의 존재와도 연결됩니다. 아버지를 '하늘', 어머니를 '땅'이라 할 때 '사람'인 내가 존재할 수 있는 것이지요. 이러한 부모와 나의 관계를 생각해 보면 3은 더욱 중요한 숫자입니다.

신의 존재도 셋으로 분화되어 있는 경우가 많습니다. 수메르 신화에서는 하늘의 신 아누, 공기의 신 엔릴, 물의 신 엔키가 삼체 일좌三體一座를 이룹니다. 이집트 신화의 오시리스, 이시스, 호루스, 힌두교의 브라흐마, 시바, 비슈누도 그렇습니다. 그리스 신화에 나오는 운명의 여신도 클로토, 라케시스, 아트로포스 세 명이지요.

기독교에서도 3은 상징적인 숫자입니다. 성부, 성자, 성령의 삼위일체가 대표적이지요. 예수님은 광야에서 사탄에게 세 번의 시험

생명의 실을 관리하는 운명의 세 여신

을 받고, 예수님의 수제자였던 베드로는 닭이 울기 전 세 번이나 예수님을 모른다고 부정합니다. 예수님이 달린 십자가의 양옆에는 두 명의 강도가 함께 달려 골고다 언덕에 세 개의 십자가가 세워졌고, 예수님은 죽은 지 사흘 만에 부활합니다.

불교에서는 삼존불을 모십니다. 절에 가 보면 부처님 양옆에 문수보살과 보현보살이 함께 모셔져 있습니다. 또 사찰 전각 중에는 산신, 독성, 칠성을 함께 모신 삼성각이 있습니다.

3의 상징은 이야기에서도 중요하게 다루어집니다. 아기 돼지도 삼 형제, 신데렐라도 세 자매, 프랑스의 소설가 알렉상드르 뒤마의 소설도 『삼총사』입니다. 영국의 작가 조앤 롤링의 소설 해리 포터 시리즈의 주인공도 세 명이고, 이 시리즈 마지막 권에 나오는 '죽음의 성물'도 딱총나무 지팡이, 부활의 돌, 투명 망토 등 세 가지입니다. 또 대부분의 이야기 속 주인공은 세 번의 고난을 겪고, 세 가지 소원을 말할 수 있고, 세 가지 보물을 찾으러 떠납니다. 한 번, 두 번은 우연일 수 있지만 세 번은 필연이라는 것이지요.

중국 위, 촉, 오 세 나라의 역사를 기록한 『삼국지』를 바탕으로 쓰여진 나관중의 『삼국지연의』에서도 주인공인 유비, 관우, 장비 세 사람이 의형제를 맺습니다. 유비는 지혜롭기로 소문난 제갈량이 은거하고 있던 초가를 세 번이나 찾아간 끝에 당대 최고의 전략가를 얻습니다. 여기서 "인재를 맞아들이기 위하여 참을성 있게 노력함."을 비유하는 말 '삼고초려三顧草廬'가 유래한 것이지요.

3은 완전함을 상징하므로 생명의 순환, 처음 — 중간 — 끝, 과거 — 현재 — 미래를 의미합니다. 이는 다시 성장과 창조력의 상징으로 연결되지요. 세계적으로 유명한 자동차 벤츠의 엠블럼도 삼각별입니다. 이 별의 세 꼭지는 각각 하늘, 땅, 바다를 상징한다고 하는데요, 이는 하늘, 땅, 바다 모두에서 가장 안전하고 완벽한 자동차라는 의미를 나타냅니다.

조화와 안정, 완전함과 완벽함을 뜻하는 3. 그러니 뭘 해도 세 번은 해야 속이 시원하겠지요? 작심삼일도 3일마다 반복하면 1년을 채울 수 있다는 말이 있습니다. 한 번이나 두 번만 해 보고 포기하는 건 너무 아까우니 못해도 세 번은 해 보는 게 어떨까요? '참을 인忍'을 세 번 되새기며 끈기 있게 도전하길 바랍니다.

5부

가장
○○한
상징은 뭘까?

저 하늘에서 가장 따기
어려운 것은 무엇일까?

좋아하는 연예인을 직접 만나 본 적이 있나요? 공연장이나 촬영장에서, 혹은 길거리에서 한 번쯤은 만났을 법한데요, 그 연예인과 사귀는 것이 가능할까요? 아마 '하늘의 별 따기'일 겁니다. '하늘의 별 따기'는 이렇듯 "무엇을 얻거나 성취하기가 매우 어려운 경우를 비유적으로 이르는 말."입니다. 하늘에는 태양도 있고 달도 있는데 왜 굳이 별일까요?

별은 일반적으로 신의 존재, 희망, 영원한 것을 상징합니다. 캄캄한 밤하늘에 빛나는 별을 보면 우주를 운행하는 신의 존재를 느낄 수 있지요. 또 어둠 속에서도 반짝반짝 빛나는 별을 보면 새로운 희망이 솟기도 합니다. 별 중에서도 특히 북극성은 영원히 변하지 않는 것을 상징합니다.

기독교에서 별은 신의 인도와 호의를 나타냅니다. 먼 동방에서 별을 연구하던 박사들은 유난히 반짝이는 별을 보고 예수님의 탄생을 알게 됩니다. 그리고 그 별을 따라 아기 예수님이 있는 베들레헴까지 찾아옵니다. 이들을 동방 박사라고 하는데요, 이들은 황금과 유향과 몰약을 예물로 바칩니다. 이슬람교에서도 별은 신성함, 지극히 높은 신, 천국의 상징입니다. 별은 초승달과 함께 그려지기도 하는데요, 이슬람 국가의 국기에서 쉽게 찾아볼 수 있습니다.

별은 이슬람 국가뿐만 아니라 여러 나라의 국기에도 많이 사용되는데요, 대표적인 것이 중국 국기 '오성홍기'입니다. 이름에서도 알 수 있듯이 다섯 개의 별이 그려져 있는데, 왼쪽 위의 큰 별은 중국 공산당을 나타내고, 네 개의 작은 별은 중화 인민 공화국이 세워졌을 때의 4계급, 즉 노동자, 농민, 소자산 계급, 민족 자산 계급으로 이루어진 국민을 의미합니다. 북한 국기에서 흰색 원 바탕 안에 빨간색으로 그려진 별은 '공산주의 사회 건설'을 상징합니다. 베트남 국기는 '금성홍기'라고 하는데요, 빨간 바탕에 금색 별이 강렬한 인상을 줍니다. 빨간 바탕은 혁명의 피와 조국의 정신을, 금색 별의 다섯 모서리는 노동자, 농민, 지식인, 청년, 군인의 단결을 상징합니다.

오성홍기　　　　　　　　　　　금성홍기

　미국, 필리핀, 브라질 국기에도 별이 사용되는데 이때는 별의 개수가 주州의 수를 나타냅니다. 이스라엘 국기에 그려진 별은 일반적인 오각별이 아니라 육각별입니다. '다윗의 별'이라고 불리는 이 별은 유대교와 유대 민족을 상징하는데요, 두 개의 삼각형이 교차한 별 모양은 '신의 은총을 받는 인간', '천상과 지상의 조화'를 의미한다고 합니다. 1930년대 나치가 집권하던 독일에서는 이 별이 박해의 상징이었고, 모든 유대인은 몸에 이 별을 달아야 했습니다.

　우리나라의 신화에도 별이 등장합니다. 제주도 신화 「천지왕본풀이」에 나오는 대별왕과 소별왕입니다. 창조신 천지왕에게는 쌍둥이 아들 대별왕과 소별왕이 있었습니다. 대별왕과 소별왕은 두 개씩 떠 있는 해와 달을 하나씩 활로 쏘아 떨어뜨립니다. 해와 달이 두 개였으니 사람들이 낮에는 너무 뜨거워 고생이었고, 밤에는 너무 밝아 잠을 제대로 잘 수 없었기 때문이죠. 활에 맞은 해와 달은 쪼개져서 별이 되었고, 대별왕과 소별왕 덕분에 사람들은 살기 편해졌습니다. 이후 대별왕과 소별왕은 경쟁 끝에 천지왕의 인정을 받아 대별왕은 저승을 다스리고, 소별왕은 이승을 다스리게 됩니다. 이름에 해나 달이 아니라 '별'이 들어간다는 점에서 한국 문화에서의 '별'의 상징을 다시 한번 생각해 보게 합니다. 우리 조상들은 하늘에 하나씩만 있어야 하는 해와 달이 아니라 밤하늘에 무수히 빛나는 별 중의 하나가 이승과 저승을 나누어 다스린다고 생각했던 것이지요.

서양의 신화에서는 영웅이 죽어서 하늘의 별이 된 경우가 많이 등장합니다. 헤르쿨레스자리, 오리온자리 등이 잘 알려져 있지요. 그래서일까요? 죽는다는 말을 '하늘의 별이 되다'로 표현하기도 하

헤르쿨레스자리(왼쪽)와 오리온자리

는데요, 특히 위대한 업적을 남긴 인물이 죽었을 때 비유적으로 '큰 별이 졌다'고 합니다.

별은 미지의 것, 그리움의 대상이 되기도 합니다. 윤동주의 시 「별 헤는 밤」이 떠오를 텐데요, 시인은 별 하나하나에 추억과 사랑, 그리움의 대상을 담습니다. 별은 동경의 대상이기도 합니다. 연예인들이 바로 '스타'이죠. 반짝반짝 빛나는 존재입니다. 회사명이나 상호명에도 '별 성星' 자가 많이 사용됩니다. 별이 가장 많은 것은 아마도 '칠성'일 텐데요, 잘 알려진 기업명은 '삼성'이라고 할 수 있겠습니다. 예전에는 '금성'도 있었지요.

우리 일상에서는 무언가를 평가하는 데 별을 사용합니다. 대표적인 예가 '미슐랭 가이드'로, 별의 개수로 음식점을 평가합니다. 별이 한 개면 요리가 특별히 훌륭한 식당, 별이 두 개면 멀리서 찾아갈 만한 식당, 별이 세 개면 요리를 맛보기 위해 여행을 떠나도 아깝지 않은 식당을 의미하는데, 요리사들은 별을 하나만 받아도 대단한 영광으로 여긴다고 합니다. 별이 빛나는 것은 이름이 빛나는 것, 즉 명예와 연결되지요. 호텔은 오성급, 육성급, 칠성급 등으로 평가합니다. 온라인에서 영화나 음식, 구매한 제품에 대한 만족도를 표시할 때도 별을 사용합니다.

이렇게 별은 우리 생활 여기저기에서 반짝거리고 있습니다. '별

꼴'이라는 말도 있는데요, "별나게 이상하거나 아니꼬워 눈에 거슬리는 꼬락서니."를 뜻합니다. 물론 이때의 별은 반짝반짝 빛나는 별을 가리키는 것이 아니라 '다를 별別' 자이지만요. 부정적인 표현보다는 '별'의 좋은 상징을 떠올려 보고 스스로에게 별 다섯 개를 주는 것은 어떨까요? 별은 희망과 명예, 그리고 우리를 지켜 주는 신의 상징이니까요.

세상에서 가장 유명한
원숭이는 누구일까?

세계적으로 가장 유명한 원숭이는 아마도 『서유기』에 등장하는 손오공이 아닐까요? 손오공은 『서유기』에서 삼장 법사와 함께 천축국으로 불법을 구하러 가는 길에 각종 마귀를 물리치는 '불법의 수호자'로 등장하는데요, 이것이 원숭이의 상징 의미 중 하나가 되었지요. 구름을 타고 다니고 여의봉을 휘두르며 온갖 조화를 부리는 손오공의 재주 중에서 가장 부러운 것은 털을 뽑아 자신과 똑같은 분신을 만드는 것입니다. 이는 동물 중에서 가장 똑같이 사람을 흉내 낼 수 있는 원숭이의 특성에서 비롯된 것이라 할 수 있습니다. 손오공은 현대에 와서도 「몽키 킹」이라는 영화 시리즈로도 만들어졌고, 우리나라에서는 허영만의 만화 「날아라 슈퍼보드」로 더욱 친숙한 캐릭터가 되었습니다.

『서유기』는 중국의 고전이지만 우리나라에도 많은 영향을 끼쳤는데, 가장 대표적인 예가 '잡상雜像'이라고 할 수 있습니다. 잡상은 왕궁의 추녀마루 위에 지붕의 선을 따라 일렬로 늘어서 있는 짐승의 조각상을 말하는데요, 기와의 흘러내림을 방지하기 위한 기능 외에 건물의 격을 높여 줄 뿐만 아니라 재앙을 막는다는 벽사의 의미를 가지고 있습니다. 그런데 이 잡상 가운데 하나가 바로 원숭이, 손오공입니다.

우리나라에서 잡상이 언제부터 설치되었는지는 확실하게 알 수 없지만, 조선 시대에 왕실에서 쓰는 기와나 벽돌을 만들던 관아인 와서瓦署에 잡상장雜像匠을 따로 두었다는 것을 보면 조선 시대에 매우 활발하게 설치되었다는 것을 알 수 있습니다. 『서유기』도 조선 후기에 큰 인기를 끌었다고 하는데, 숭유 억불 정책을 펼쳤던 조선에서 왕궁의 지붕이 불교적인 인물과 동물로 장식되었다는 것이 좀 이상할 수도 있습니다. 하지만 당시 왕궁이 대부분 목조 건물이었고, 목조 건물에서 가장 중요한 것이 화재 예방이었다는 점을 생각하면 화마를 막기 위한 방책의 하나로 잡상에 상징적 의미를 담아 설치했을 것으로 추측됩니다.

궁궐 지붕 위의 잡상

잡상의 이름은 유몽인의 『어우야담』에서 확인할 수 있는데요, 순서대로 대당사부, 손행자, 저팔계, 사화상, 이귀박, 이구룡, 마화상, 삼살보살, 천산갑, 나토두 등입니다. 대부분 『서유기』의 등장인물이나 중국의 토신土神과 관련된 이름으로, 대당사부가 삼장 법사이고, 손행자가 손오공, 사화상은 사오정입니다. 『어우야담』에는 신임 관리들이 선임들에게 첫인사를 할 때 반드시 잡상 열 개의 이름을 단숨에 열 번 외워야 했다는 재미있는 기록도 있습니다. 그만큼 잡상이 중요했다는 의미겠지요.

잡상은 궁궐과 그 안에 사는 사람들을 지켜 주는 역할을 합니다.

중국에서는 건물의 등급에 따라 잡상의 수를 규제했지만 우리나라에서는 규제가 엄격하게 적용되지는 않아서 경복궁 경회루에서 가장 많은 열한 개의 잡상을 볼 수 있고, 근정전, 사정전, 강녕전, 교태전에서는 일곱 개, 창덕궁 인정전에서는 아홉 개, 덕수궁 중화전에서는 열 개의 잡상을 볼 수 있습니다. 이외에도 궁궐의 주요 건축물에는 모두 잡상이 올라가 있고, 사찰 중에서는 최대의 왕실 사찰이었던 회암사에서 잡상을 볼 수 있습니다.

　원숭이와 불교의 인연은 『삼국유사』에서도 찾아볼 수 있습니다. 이차돈이 순교하자 하늘이 캄캄해지고 땅이 진동하며 샘물이 갑자기 마르는 등 기이한 일이 생겼는데요, 이때 '나무가 꺾어지니 원숭이들이 떼 지어 울었다'는 기록이 있습니다. 원숭이는 원래 우리나라에 서식하는 동물이 아니었지만, 이 기록을 보면 당시에 우리나라에도 원숭이가 있었다는 것을 알 수 있습니다.

　원숭이는 열두 띠 동물 중의 하나로, 원숭이해에 태어난 사람은 재주가 많고 총명하며 영특하다고 합니다. 원숭이띠는 잔나비띠라고도 하는데요, '잔나비'의 '잔'은 '빠르다'는 의미의 '재다'와 관련이 있습니다. '납'은 원숭이를 이르는 말로, 15세기 중세 국어에서는 원숭이를 '납'이라고 했다는 기록이 있습니다. 우리 조상들도 원숭이에게서 민첩함과 영리함을 보았던 것이지요. 그래서 "아무리 익숙하고 잘하는 사람이라도 간혹 실수할 때가 있음을 비유적으로 이르는 말."로 '원숭이도 나무에서 떨어진다'는 속담을 사용합니다.

원숭이를 뜻하는 한자에는 '원猿'과 '후猴' 두 가지가 있습니다. 특히 '후猴'는 '제후 후侯' 자와 발음이 같아서 높은 벼슬과 연결되었습니다. 이는 '출세', '부귀영화'를 상징하여 고려 시대와 조선 시대에 과거를 준비하던 사람들은 원숭이 모양의 연적을 사용하기도 하고, 도장에 원숭이를 새기기도 했다고 전해집니다.

원숭이 하면 '단장斷腸'이라는 표현도 빼놓을 수 없는데요, 중국 설화에 원숭이 새끼를 배에 싣고 가자 어미 원숭이가 슬피 울며 그 배를 따라갔다는 이야기가 있습니다. 배가 포구에 닿은 후 어미 원숭이가 새끼 원숭이를 찾아 배에 뛰어들지만 결국 쓰러져 죽고 마는데요, 배를 갈라 보니 창자가 끊어져 있었다고 합니다. 새끼를 잃은 슬픔 때문이었지요. 그래서 "몹시 슬퍼서 창자가 끊어지는 듯함."을 '단장'이라고 합니다. 이 이야기에서의 원숭이는 지극한 모성을 상징하는데요, 실제로도 원숭이는 새끼를 잘 보살피고, 새끼 또한 효성이 지극하다고 합니다.

힌두교에서는 『라마야나』에 나오는 원숭이 신 하누만이 유명합니다. 『라마야나』는 『마하바라다』와 함께 인도의 2대 서사시 중 하나로 비슈누의 일곱 번째 화신 라마가 지상에 내려와 겪게 되는 이야기를 담고 있는데요, 아내 시타가 괴물에게 납치되었을 때 라마는 하누만의 도움으로 괴물을 물리치고 무사히 시타를 구출해 냅니다. 이 이야기에서 원숭이 하누만은 '약삭빠름'과 '끈기'를 상징하는데요, 라마에 대한 충성심과 전세를 뒤집는 능력 덕분에 『라마야나』에서 가장 사랑받는 신입니다. 또 하누만은 마법을 부리고 하늘을 나는 능력도 있었는데요, 이 하누만이 『서유기』의 손오공에게 영향을 주었을 것으로 보는 시각도 있습니다.

원숭이 중에는 눈과 귀와 입을 가린 원숭이도 있습니다. 사찰의 문이나 대웅전 앞에 서 있는 조각상인데요, 이는 '경계'를 상징하는 것으로 나쁜 것은 보지 말고, 음란한 소리는 듣지 말고, 오만한 말은 하지 말라는 뜻입니다.

일본에서도 원숭이에 대한 신앙이 비교적 강한 편이어서, 도쿠가와 이에야스의 무덤 정문에 세 원숭이 상이 있습니다. 포켓몬에서는 이 세 원숭이를 모티프로 한 원숭이 삼 형제 '야나프, 바오프, 앗차프'가 등장합니다.

서구 미술에서 원숭이는 '타락'의 상징으로, 주로 입에 사과를 물고 있는 모습으로 묘사됩니다. 기독교 문화에서도 원숭이는 '악덕, 육욕, 우상 숭배'와 동일시되고, 원숭이가 사람을 흉내 내는 능력은 인간의 허영심과 어리석음을 풍자하는 데 널리 사용되었습니다. 앞서 살펴본 원숭이의 긍정적인 상징과는 상당한 차이가 있지요. 그래서 동물들의 다양한 특성을 설명한 『중세 동물지』에서는 원숭이는 꼬리가 없다고 하면서 "악마도 머리는 있지만 꼬리는 없는 원숭이와 같다."라고 이야기합니다. 실제로 원숭이는 꼬리가 있지만 중세의 종교적 상징체계가 반영된 동물지에서는 동물의 실제 해부학적 구조보다 그 동물이 지닌 도덕적·사회적 의미가 더 중요하게 서술되었던 것입니다.

이렇듯 양면성을 지닌 원숭이는 힌두교의 하누만에서 『서유기』의 손오공을 거쳐 「날아라 슈퍼보드」의 손오공, 만화 영화의 코코몽, 몽키 키드에 이르기까지 현대에 와서도 여전히 친숙한 동물로 우리와 함께 살고 있습니다. 사람과 가장 닮은 동물로 오랜 시간 우리와 함께해 온 원숭이를 볼 때 원숭이의 부정적 상징보다는 긍정적 상징 의미를 떠올리며 친근감을 한번 더 느껴 보기 바랍니다.

역사상 가장 유혹적인
과일은 무엇일까?

'애플 데이'를 아나요? 먹는 '사과'와 미안하다는 의미의 '사과'의 발음이 같은 것에 착안하여 사과를 주고받으며 서로 화해하고 용서하는 날입니다. 매년 10월 24일이지요.

그런데 사과는 한자어일까요, 순우리말일까요? 사과를 먹으면 사각사각 소리가 나서 왠지 순우리말일 것 같은데요, 사과는 '모래 사沙'에 '실과 과果'를 쓰는 한자어입니다. 사과가 요즘처럼 맛있게 개량되기 전에는 모래를 밟는 것처럼 퍼석퍼석해서 '모래 사' 자가 쓰였다고 전해집니다.

옛날에는 사과의 단맛 때문에 숲林에 새禽들이 모여든다고 사과를 '임금林檎'이라고 했는데요, 이 말의 발음이 변하여 사과를 능금이라 부르기도 합니다. 『번역 박통사』나 『훈몽자회』 같은 옛 책의 기록을 보면 큰 것은 사과, 작은 것은 능금으로 구별하여 불렀다는 것을 알 수 있습니다.

우리 전통문화에서 사과는 액을 몰아내고 복을 부르는 '제액초복除厄招福'을 의미하는 과일로, 산신제나 조상 제사에 빠뜨리지 않고 올리는 과일입니다. 중국에서는 사과가 '평화'와 '화합'을 상징하는데, 사과를 뜻하는 중국어 '평과苹果'의 첫 글자 발음이 평안을 뜻하는 '평平'과 같기 때문입니다. 그래서 새해 첫날에 한 해 동안 평안하시라는 뜻으로 어른께 사과를 드리는 풍속이 있었다고 합니다. 젊은이들은 크리스마스이브에 사과를 선물로 주고받는다고 하는데요, 중국어로 '平安夜평안한 밤'라고 부르는 크리스마스이브에 평과를 먹으며 평안하게 보내라고 축복하는 의미가 있습니다. 요즘에는 이것이 서양 풍속이라고 해서 점차 사라지고 있다고도 합니다.

사과는 과일의 대명사라고도 할 수 있는데요, 그래서인지 종교와 신화에도 사과가 자주 등장합니다. 여러분은 사과 하면 어떤 사과가 가장 먼저 떠오르나요?

역사상 가장 오래된 사과는 성경의 창세기에 나오는 선악과라 할 수 있을 텐데요, 선악과는 "먹으면 선악을 알게 된다는 선악과

나무의 열매."로 사실 이 열매가 무엇인지는 성경에서도 명확하게 밝히고 있지 않습니다. '먹음직도 하고 보암직도 하고 지혜롭게 할 만큼 탐스럽기도 한 나무의 열매'를 뱀의 꼬임에 넘어간 하와가 결국 따 먹음으로써 원죄를 짓게 되었다고 하지요. 그런데 왜 선악과가 사과가 되었을까요?

사과나무를 뜻하는 라틴어 '말룸malum'에는 '악malus'이라는 의미가 함께 있기 때문에 사람들이 선악과나무가 사과나무라고 추론한 것이라 할 수 있습니다. 그래서 에덴동산을 그린 그림에서 선악과나무가 사과나무로 그려지고, 하와는 이 나무 아래에서 아담에게 사과를 내미는 모습으로 그려집니다. 결국 이 사과는 인류의 타락을 상징하게 된 반면 예수님이나 성모 마리아가 사과를 들고 있는 그림에서는 인류의 구원과 죄에 대한 용서를 상징한다고 해석되기도 합니다.

북유럽 신화에서 사과는 신들이 먹는 과일로 불로불사不老不死의 원천입니다. 그냥 사과가 아니라 황금 사과인데, 이 사과는 젊음의 여신 이둔이 지키고 있습니다. 그런데 이둔이 말썽쟁이 신 로키의 꼬임에 넘어가 거인 신에게 납치를 당하게 되고, 그 사이 황금 사과를 먹지 못한 신들은 나이를 먹기 시작합니다. 여기에서 사과와 건강, 젊음이라는 연결 고리를 찾을 수 있습니다.

황금 사과를 지키는 이둔과 그를 꼬드기는 로키

　그리스 신화에서는 '불화의 사과'가 유명합니다. 이 사과는 '분쟁의 씨'라고도 하는데요, 미움이나 다툼을 일으키는 요인을 의미합니다. 바다의 여신 테티스와 인간 펠레우스의 결혼식에 초대받지 못한 불화의 여신 에리스는 뒤늦게 그 사실을 알고 결혼식장에 '최고 미인에게'라고 쓰인 황금 사과를 던져 놓는 것으로 분풀이를 합니다. 그러자 헤라, 아테나, 아프로디테 세 여신이 서로 그 사과를 자기 것이라고 다투다가 트로이의 왕자 파리스를 찾아가 심판을 부탁하지요. 세 여신은 파리스에게 각각 '권력과 부', '전쟁에서의 승리와 명예', '아름다운 여인'을 제공하는 대가로 사과를 차지하려고 하는데요, 결국 파리스는 아프로디테에게 황금 사과를 주고 그리스 최고의 미인 헬레네를 아내로 맞게 됩니다. 그런데 헬레네는 스파르타의 왕 메넬라오스와 이미 결혼한 상태였고, 결국 이 사과 하나로 트로이 전쟁이 일어나게 됩니다.

신화에서 사과가 중요한 역할을 하는 또 다른 이야기는 앞서 언급했던 히포메네스와 아탈란타의 달리기 시합입니다. 결혼을 하면 불행해진다는 예언을 받았던 아탈란타를 기억하나요? 그녀와 결혼하고 싶었던 히포메네스는 사랑의 여신 아프로디테에게 도움을 청합니다. 아프로디테는 그에게 황금 사과 세 개를 주지요. 히포메네스는 경주 도중 아탈란타에게 뒤처질 때마다 여신에게 받은 사과를 하나씩 던집니다. 그때마다 호기심을 억누르지 못한 아탈란타는 사과를 줍느라 시간을 지체하여 결국 경기에서 지고 히포메네스와 결혼하게 됩니다. 이 이야기에서 사과는 '유혹'을 의미하는 것으로 볼 수 있습니다. 이와 비슷하게 백설 공주 역시 유혹을 상징하는 독이든 사과를 먹고 위험에 빠지게 되지요.

이렇듯 사과는 창세기에서부터 인간을 유혹하는 아주 매력적인 과일이라고 할 수 있습니다. 빨갛게 잘 익은 사과를 보면 한 입 베어 물고 싶지 않나요? 그래서인지 한 입 베어 문 사과 모양의 로고는 현대에 와서 가장 유명한 상징이 되었습니다. 바로 애플사의 로고인데요, 이 로고의 유래에 대해서는 다양한 설이 있습니다. 그중 하나는 제1세대 컴퓨터를 발명한 앨런 튜링에 대한 경의의 표시라는 것입니다. 영국의 수학자 앨런 튜링은 제2차 세계 대전 중 독일군의 암호를 해독하는 컴퓨터를 개발하여 연합군의 승리에 큰 기여를 했는데요, 그의 이야기는 2015년에 영화 「이미테이션 게임」으로 만들어지기도 했습니다. 그러나 그는 젊은 나이에 극약을 넣은 사과를 먹고 자살을 하고 맙니다.

그런데 1976년 로널드 웨인이 디자인한 최초의 애플 로고를 보면 열매가 달린 나무 아래 책을 읽고 있는 남자의 모습이 그려져 있어 자연스럽게 뉴턴의 사과를 떠올리게 됩니다. 뉴턴의 사과가 만유인력의 법칙이라는 인류 역사상 획기적인 발견의 시초였던 것을 생각하면 애플의 사과는 선악과와 같은 금단의 사과를 한 입 베어 무는 행위를 통해 금기로 여겨졌던 신의 영역에 대한 도전을 나타낸 것으로 해석할 수도 있습니다. 기술 혁신을 통해 인간의 한계를 뛰어

넘음으로써 인간이 할 수 없다고 생각했던 많은 것들이 가능하게 되었고, 이것이 한 입 베어 문 사과 모양으로 표현되면서 '혁신'이라는 새로운 상징 의미를 창조해 낸 것이라 할 수 있지 않을까요?

이렇듯 사과는 액을 물리치고 복을 부르는 상징에서 유혹과 혁신에 이르기까지 다양한 상징 의미를 가지고 있습니다. 동서양을 막론하고 인류의 이야기 속에 사과가 빠지지 않고 등장하는 걸 보면 사과는 옛날이나 지금이나 무척 친근하고 매력적인 과일이 아닐까 싶은데요, 아삭한 사과를 먹을 때마다 사과의 다양한 상징 의미를 떠올려 보기 바랍니다. 혹시 사과할 일이 있는데 용기가 나지 않나요? 그럴 때는 맛있는 사과를 하나 건네는 것도 좋겠습니다. 사과가 없으면 사과 맛 과자도 좋겠지요.

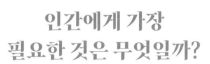

인간에게 가장
필요한 것은 무엇일까?

여러분은 홍수와 가뭄 중 뭐가 더 무서운가요? 우리의 삶에서 물은 없어서는 안 되는 중요한 자원입니다. 역사를 보면 가뭄이 들었을 때 비가 오기를 바라며 기우제를 지내는 이야기가 많이 나오는데요, 농사를 짓는 데에는 그만큼 물이 중요하기 때문이지요. 물이 부족하다는 것은 곧 삶이 지속될 수 없다는 것을 의미합니다.

그래서 물은 '생명', '생명의 근원'을 상징합니다. 아이가 엄마 배속에 있을 때도 물속에 있습니다. 양수가 터지면 세상 밖으로 나와야 합니다. 사막의 오아시스는 물의 생명력을 극명하게 보여 주는 예라고 할 수 있지요.

설화에서도 물은 생명의 상징으로 다양한 장면에서 등장하는데, 바리공주 설화에서는 바리공주가 죽은 부모를 살리기 위해 약수를 찾으러 서천서역국, 즉 저승까지 갑니다. 바리공주는 불라국의 공주인데요, 태어나자마자 버려집니다. 아들만을 바랐던 오구대왕은 바리공주가 일곱 번째 딸로 태어나자 옥함에 넣어 바다에 띄워 버립니다. 옥함은 태양서촌이라는 곳에 닿아 바리공주는 바리공덕 할머니와 할아버지 손에 자라게 됩니다. 세월이 흘러 오구대왕이 죽을병에 걸립니다. 어떤 의원도 병을 못 고치자 바리공주의 어머니인 길대부인은 무당을 찾아가는데, 무당은 이승의 약은 아무 소용이 없으니 서천서역국의 약수를 써야 병이 낫는다고 합니다. 그러나 약수를 구하러 가겠다는 사람은 아무도 없었는데, 소식을 듣고 바리공주가 찾아옵니다. 결국 바리공주는 갖은 고생 끝에 약수를 구해다가 자기를 버렸던 부모를 살립니다. 이승에는 없는 약수, 저승의 물이 죽은 생명도 살려 낸 것이지요. 이 약수는 '생명의 근원', 더 나아가 '재생'을 상징합니다. 재생은 다시 시작되는 것이므로 '풍요'와 연결되지요.

물은 더러움을 깨끗이 씻어 주는 '정화'를 상징합니다. 요즘에는 언제든지 씻을 수 있지만 과거에는 목욕이 쉽지 않았습니다. 그래서 큰일을 앞두면 목욕재계로 몸과 마음을 정결하게 하여 부정不淨

타는 일이 없도록 했습니다. 왕도 종묘사직에 제사를 드릴 때는 목욕재계를 했지요.

『삼국유사』에는 노힐부득과 달달박박이 물을 통해 성불하는 이야기가 나옵니다. 두 사람은 각자 암자에서 살며 열심히 도를 닦았습니다. 그러던 어느 날 한 여인이 달달박박의 암자에 찾아와 하룻밤 묵기를 청하는데요, 달달박박은 깨끗한 절을 더럽힐 수 없다며 쫓아 버립니다. 쫓겨난 여인은 노힐부득의 암자를 찾아갑니다. 노힐부득은 불쌍하다는 생각에 여인을 맞아들이지요. 그런데 밤이 깊자 여인은 해산 기미가 있으니 짚자리를 깔아 달라 하고, 해산한 후에는 목욕을 시켜 달라고 청합니다. 노힐부득은 부끄럽기도 하고 두렵기도 했으나 물을 끓여 목욕을 시킵니다. 잠시 후, 통 속의 물에서 향기가 풍기고 물이 금빛으로 변했습니다. 놀란 노힐부득에게 여인은 그 물에 목욕을 하라고 하는데요, 노힐부득이 목욕을 하자 갑자기 정신이 상쾌해지고 살결에 금빛이 돌더니 옆에 연화대가 하나 마련되어 있었습니다. 노힐부득이 미륵불이 된 것이지요. 여인은 득도를 도우러 온 관음보살이었습니다. 한편 달달박박은 그날 밤 노힐부득이 계율을 범했을 것이라 생각하고 놀려 줄 생각에 찾아왔다가 미륵불이 된 노힐부득을 보고 깜짝 놀랐습니다. 노힐부득은 달달박박에게 통에 아직 물이 남아 있으니 목욕을 하라고 이르고, 달달박박도 목욕을 하고 나니 미타불이 되었습니다. 이는 물에 몸을 씻음으로써 세속의 욕망에서 벗어나게 된 것으로, 이때의 물은 정화와 함께 재생을 상징하는 것으로 볼 수 있습니다.

기독교에서 세례를 베풀 때에도 머리에 '성수'를 뿌립니다. 아예 물속에 들어갔다가 나오는 '침례'도 있고요. 힌두교에서는 갠지스 강물을 성스러운 물로 여겨 여기에 몸을 담그면 해탈에 가까워진다고 합니다. '정화'와 '재생'이 밀접하게 연결되어 있다는 것을 알 수 있습니다.

물이 재생을 상징하는 것은 「손 없는 소녀」 이야기에서도 잘 나타납니다. 애니메이션으로도 제작된 이 이야기는 『그림 동화』에 나오는 민담인데요, 전 세계적으로 분포되어 있는 만큼 이야기의 변형도 다양합니다. 우리나라에서 전해지는 이야기에서는 계모의 모함으로 손이 잘린 채 쫓겨난 전처의 딸이 부잣집 외아들을 만나 결혼을 하게 됩니다. 그 후 신랑이 과거를 보러 간 사이 아들을 낳지만, 악인의 모함으로 아이와 함께 쫓겨납니다. 고난을 겪던 여인은 엎드려 샘물을 마시려다 등에 업은 아이가 빠지자 다급히 두 팔을 내밀어 건지려고 하는데요, 이때 손이 재생됩니다. 그 후 과거에 급제한 신랑이 찾으러 와 재회하고, 계모는 처벌을 받습니다.

이 이야기에서 손이 재생되는 방식은 문화에 따라 다르게 나타나는데요, 신이나 부처님의 도움으로 재생되는 경우와 샘물 등 물에 의해 재생되는 경우로 나누어 볼 수 있습니다. 물의 힘, 물의 상징이 종교적으로 해석되는 부분이지요.

재생은 다시 죽음과 연결됩니다. 이전의 존재가 죽어야 다시 살아날 수 있기 때문입니다. 물이 재생과 동시에 죽음을 상징하는 것은 '홍수 신화'에서 확인할 수 있습니다. 성경의 「노아의 방주」와 같은 이야기를 홍수 신화라고 하는데요, 성경뿐만 아니라 수메르 지역을 비롯하여 세계 각지에서 볼 수 있는 이야기입니다. 인간의 죄가 세상에 가득 차자 신이 홍수로 인간 세상을 쓸어버립니다. 그래서일까요? 가뭄보다 홍수가 더 무섭다는 이야기들을 합니다. 가뭄에는 콩 한 쪽이라도 남아 있지만, 홍수는 하나도 남김없이 다 쓸어가 버리기 때문이지요. 하지만 홍수 신화에서 홍수는 죽음으로 끝나는 것이 아니라 새로운 시작, 즉 재생을 의미합니다.

물이 죽음을 상징하는 것은 '강을 건너다'에서도 찾아볼 수 있습니다. 물, 특히 강을 건너는 것은 죽음을 상징하는데, 우리나라에서는 고대 가요 「공무도하가」의 "님아 그 강을 건너지 마오"라는 구절이 유명합니다. 기독교에서는 '요단강을 건너다'를, 그리스 신화에서는 '스틱스강을 건너가다'로 흔하게 씁니다.

이러한 물과 연결되는 것은 불입니다. 불은 기본적으로 '뜨거움',

스틱스강을 건너는 망자

'정열'을 상징합니다. 위험하기도 하지만 무언가를 태워서 정화하기도 합니다. 불로 뜨겁게 달군 후 두드려서 단단하고 굳세게 만드는 것은 재생을 위한 통과의례가 되지요.

물과 불이 함께 쓰인 '물불'은 "어려움이나 위험을 비유적으로 이르는 말."입니다. 따라서 '물불을 가리지 않다', '물불을 헤아리지 않다'는 "위험이나 곤란을 고려하지 않고 막무가내로 행동하다."라는 뜻입니다. 주로 '물불을 가리지 않고 덤비다'처럼 일상에서도 자주 사용되지요. 혹시라도 주위에 물불을 가리지 않고 행동하는 친구가 있다면 물과 불의 상징을 떠올리면서 마음을 정화하라고 말해 주세요. 시원한 물을 한 잔 마시라고 권하는 것도 좋겠네요.

그리움을 가장 잘
상징하는 색은 무엇일까?

여러분은 노란색 하면 뭐가 떠오르나요? 대개 개나리나 병아리가 먼저 떠오르고 노란 모자를 쓴 유치원생도 떠오르겠지요. 다른 나라에서는 어떨까요? 동남아시아에서는 노랗게 잘 익은 망고나 바나나, 아메리카 대륙에서는 옥수수가 먼저 떠오를 것 같네요.

노란색의 원형은 태양, 빛, 황금입니다. 밝게 빛나는 따뜻한 색이지요. 여러분이 어릴 때 입었던 옷 중에는 아마 노란색이 많았을 겁니다. 유치원 원복도 노란색 아니었나요? 노란 장화, 노란 우비. 환하게 웃고 있는 '스마일 버튼'의 밝고 명랑함도 노란색입니다. 우리에게 익숙한 스펀지밥, 피카추, 미니언즈도 노란색이지요.

노란색 버스는 어떤가요? 어린이집이나 유치원, 학원 통학 버스, 스쿨버스는 대부분 노란색입니다. 왜 노란색일까요? 노란색은 눈에 가장 잘 띄는 색입니다. 또 넓게 팽창하는 성질이 있어서 다른 색보다 더 크고 가깝게 보이기 때문에 운전자들이 노란색 버스를 쉽게 발견하고 더 조심해서 운전할 수 있습니다. 어린이들의 안전을 지키는 데 꼭 필요한 색이지요.

초등학교에 다닐 때 학교 근처 어린이 보호 구역에 깔려 있던 옐로 카펫이 떠오르지 않나요? 옐로 카펫은 아이들이 안전하게 횡단보도를 건널 수 있게 신호등 근처 바닥이나 벽면을 노랗게 표시한 교통 안전 설치물인데요, 아이들이 이곳에서 신호등이 바뀌기를 기다리면 운전자들도 쉽게 발견할 수 있어 안전하게 길을 건너갈 수 있습니다.

이러한 노란색의 사용에 대해 독일의 사회학자이자 심리학자 에바 헬러는 "노랑은 멀리 있어도 뚜렷하게 보이고 가까이 있어도 눈 속으로 파고들기 때문에 경고를 알리는 색으로 국제적으로 널리 사용되고 있다."라고 설명합니다. 특히 노란색이 검정과 함께 사용되면 독성이나 폭발성이 있는 물건이나 방사능 물질을 알리는 경고 표시가 되는데요, 그래서 노란색은 '경고'의 색이기도 합니다.

축구 경기에서도 심판이 고의로 반칙을 하거나 비신사적인 행위를 한 선수에게 퇴장을 알리는 레드카드를 주기 전에 옐로카드로 경고를 줍니다. 신호등도 파란불에서 빨간불로 바뀌기 전 노란불이 들어오지요. 신호가 바뀌니 조심하라는 경고의 의미입니다.

우리 전통문화에서 노란색은 황색입니다. 황토, 즉 흙의 색이지요. 오방색은 방위, 계절과도 연결되는데 노란색은 중앙과 사계절을 의미합니다. 빨간색은 남쪽과 여름, 푸른색은 동쪽과 봄, 흰색은 서쪽과 가을, 검은색은 북쪽 및 겨울과 연결됩니다.

노란색은 중앙의 색이기 때문에 황제의 색이기도 합니다. 이때는 주로 금색으로 표현되는데요, 옛날 중국에서는 황제의 옷이나 황제가 사용하는 물건이 전부 노란색이었다고 합니다. 인도에서도 노란색은 왕의 색, 신의 색입니다. 그래서 힌두교의 신 크리슈나는 금색을 띤 노란색 옷을 입고 있는 것으로 그려지지요.

그런데 부정적인 노란색도 있습니다. 밝은 노랑이 아니라 빛이 바랜 노랑, 흐릿한 노랑인데요, 특히 기독교 문화에서는 노란색을 기피합니다. 이는 최후의 만찬 때 예수님을 은화 30냥에 팔아넘긴 가룟 유다가 노란색 옷을 입고 있었기 때문이라는 설이 있는데요, 이후 중세 유럽에서 노란색을 꺼리는 풍습이 생겼다고 합니다. 에스파냐의 종교 재판에서는 이단자로 판결된 사람에게 노란색 옷을 입혀서 화형에 처했다고 전해집니다. 독일의 나치 정권은 유대인들

힌두교의 신 크리슈나

을 사회에서 격리하기 위해 노란색 '다윗의 별'을 달고 다니도록 했지요. 히틀러는 총리가 되자마자 유대인들을 박해하기 시작했는데, 제1차 세계 대전의 패전 국가로 천문학적인 전쟁 배상금을 물어야 하는 데다가 세계 대공황의 위기까지 맞게 되자 유대인을 희생양으로 삼은 것입니다. 이러한 상황에서 노란 별을 달고 있는 유대인들은 쉽게 눈에 띄었고, 다른 사람들이 그들을 도와주고 싶어도 도와줄 수 없게 만들어 사회에서 배척했던 것이지요. 노란색의 가장 부정적인 의미는 죽음입니다. 멕시코에서는 노란색이 죽음을 의미하기 때문에 연인에게 노란색 꽃은 선물하지 않는다고 합니다.

추모 의미로 노란색 리본을 달고 다니는 사람들도 많이 볼 수 있는데요, 이때의 노란색은 '평화적인 요구', '평화적인 시위'를 의미합니다. 위협적이지 않으면서도 평화적으로 호소한다는 의미를 나타내는 것이지요. 그래서 이 노란색은 희망으로 확장됩니다. 미국에도 이러한 상징을 담은 풍습이 있습니다. 친구나 친척이 전쟁터에 나가거나 그와 비슷한 위험한 일을 하게 되면 나무나 정원 울타리, 자동차 안테나에 노란 리본을 매달아서 그의 안전한 귀향을 기원한다고 합니다.

그리운 이가 돌아오기를 바라는 노란 리본 이야기는 노래를 통해 유명해지기도 했습니다. 1973년 미국의 팝 그룹 '토니 올랜도 앤

드 던'은 「늙은 떡갈나무에 노란 리본을 달아 주오」라는 노래로 큰 인기를 얻었습니다. 형기를 마치고 고향으로 돌아가는 한 남자가 사랑하는 여인에게 아직도 자기를 잊지 않고 기다린다면 떡갈나무에 노란 리본을 달아 달라고 하는 가사의 노래이지요.

우리나라 민속에서는 삼월 삼짇날 노랑나비를 보면 운이 좋다는 속설도 전해집니다. 노랑나비가 온갖 꽃의 꿀을 맛보는 것과 같은 기쁨과 행운을 나타낸다고 여겼던 것이지요. 노란 리본이 노랑나비처럼 행운을 가져다준다면 얼마나 좋을까요?

태양과 황금의 색 노란색. 빛이 바랜 노란색은 부정적인 상징으로 사용되기도 했지만, 현대의 노란색은 아이들의 안전을 지켜 주고 희망과 간절한 바람을 상징하는 색으로 변화하며 여전히 우리 일상생활 곳곳에 사용되고 있습니다.

다양성의 가장 중요한
상징은 무엇일까?

　예전에 비해 반려동물을 키우는 사람이 정말 많아졌습니다. 요즘에는 강아지나 고양이를 식구로 소개하는 사람도 많은데요, 시간이 흐르면 애지중지 키우던 반려동물도 죽음을 맞게 되지요. 그런데 이때 많은 사람들이 '죽었다'고 말하지 않고 '무지개다리를 건넜다'고 합니다. 왜 '무지개다리'일까요?

　무지개는 땅과 하늘을 연결해 주는 다리입니다. 국어사전에서 무지개다리의 첫 번째 의미는 "구조물의 주체가 아치로 만들어진 다리.", 말 그대로 무지개 모양의 다리를 뜻합니다. 두 번째 의미는 "전설에서, 선녀들이 하늘에서 땅으로 타고 내려왔다고 하는 다리를 비유적으로 이르는 말."입니다. 우리말에서도 무지개가 하늘과 땅을 연결해 주는 다리 역할을 한다고 본 것이지요.

그래서 무지개다리를 건너가면 천국이 있을 것 같습니다. 먼저 세상을 떠난 반려동물이 그곳에서 주인을 기다리고 있을 것만 같은 데요, '무지개다리를 건너다'는 1980년대에 한 시에 쓰이면서 유명 해졌다고 합니다. 이 시에는 천국과 지상을 이어 주는 무지개다리가 나오는데, 죽은 반려동물이 이 다리를 건너가면 항상 먹을 것과 따뜻한 보금자리가 있는 곳으로 가게 된다는 내용이 담겨 있습니다. 이 시가 쓰인 곳이 영국인지 미국인지, 언제 쓰인 것인지, 지은이가 누구인지는 정확하게 밝혀져 있지는 않지만 무지개를 하늘로 가는 다리로 보는 것이 우리와 비슷하지요.

무지개를 땅과 하늘을 연결해 주는 다리로 보는 것은 대부분의 문화에서 공통적으로 나타납니다. 북유럽 신화에서는 토르가 아스가르드로 올라갈 때 무지개를 타고 올라갑니다. 이 무지개다리를 '비프로스트'라고 하는데요, 영화 「토르」에서도 등장합니다. 또 용감하게 싸우다 죽은 영혼이 갈 수 있는 곳을 '발할라'라고 하는데, 이곳에 들어가려면 무지개다리를 건너가야 합니다. 그리스 신화에서는 올림포스산에 사는 무지개의 여신이자 하늘과 땅을 연결하는 신들의 전령인 이리스의 길이 무지개입니다.

불교에서는 속세를 벗어나 불국토佛國土에 들어서는 다리가 무지개다리입니다. 불국사의 청운교, 백운교, 연화교 등이 대표적인 무지개다리이지요. 불교에서는 다리를 놓는 것을 현세에서 공덕을 쌓는 일로 여깁니다. 그래서 사찰 입구나 전각 앞에서 무지개다리를 쉽게 볼 수 있지요.

무지개의 끝에는 뭐가 있을까요? 무지개가 선 곳에는 금은보화가 가득하다는 동화도 있는데요, 아일랜드 설화에서는 작은 요정이 무지개의 끝에 황금 항아리를 묻어 놓았다고 전해집니다. 황금 항아리가 아니라 금시계라고 하는 전설도 있습니다. 그리스에서는 금열쇠, 노르웨이에서는 금병과 금수저가 숨겨져 있다고 하는데요, 이렇듯 서양에서는 무지개의 끝에 행운이 있다고 생각합니다.

비가 온 뒤에 해가 나면 무지개가 뜹니다. 그러나 금방 사라져 버리지요. 무지개는 이러한 특징 때문에 포착하기 어렵고, 미묘하고, 덧없는 것을 상징합니다. 뮤지컬 영화 「오즈의 마법사」에서 주인공 도로시가 부르는 「무지개 너머로Over the rainbow」라는 노래를 들어 보았을 텐데요, 이 노래에서 그리는 무지개 너머에 있는 상상의 나라는 꿈이 이루어지는 나라, 걱정이 레몬 맛 사탕처럼 녹아 버리는 나라, 파랑새가 날아다니는 나라입니다. 이 나라는 무지개를 따라서 누구나 가 보고 싶어 하는 곳이지요. 하지만 그곳에 도착하기 전에 무지개가 사라져 버리니 실제로는 갈 수 없는 나라이지요.

여러분은 언제 무지개를 보았나요? 요즘에는 퀴어 축제나 소수자들의 집회에서도 무지개를 볼 수 있습니다. 무지개 깃발을 들고 얼굴에 무지개를 그린 사람들을 볼 수 있는데요, 그래서 무지개가 '소수자의 권리'를 상징하는 것으로 생각할 수 있습니다.

무지개는 원래 '평화'의 상징입니다. 이는 성경의 창세기에서 찾아볼 수 있습니다. 노아의 방주만 남기고 홍수로 인간 세상을 쓸어버린 신은 다시는 물로 세상을 심판하지 않겠다는 약속의 증표로

집회에서 사용되는 무지개 깃발

무지개를 보여 줍니다. 이로써 신과 인간 사이에 다시 평화가 찾아온 것이지요. 이것이 무지개의 다양한 색채와 연결되어 다양성을 존중하자는 의미로 사용되는 것이라 볼 수 있습니다. 서로 다른 색이 스펙트럼을 이루며 아름답게 빛나는 무지개처럼 사람들도 서로 다름을 인정하면 평화가 올 테니까요.

다양성을 상징하는 무지개는 우리 주변에서 쉽게 찾아볼 수 있습니다. 국제결혼 가정의 자녀들이 한국어를 배우는 교실 이름은 주로 '무지개반'인 경우가 많습니다. 우리나라 최초의 다문화 가정 어린이들로 이루어진 합창단 이름도 '레인보우 합창단'이지요. 이주 배경 청소년을 지원하는 단체 이름은 '무지개 청소년 센터'이고, 이들이 한국 사회에 적응하도록 돕는 학교는 '레인보우 스쿨'입니다.

축구 경기에서도 프리미어 리그의 축구 팀 주장들이 무지개 완장을 차고 경기에 나오는 경우가 있는데요, 이는 차별에 반대하고 소수자의 권리를 존중한다는 의미를 담고 있습니다. 축구는 모든 사람을 위한 경기라는 것을 무지개 완장을 통해 보여 주는 것이지요.

무지개는 이처럼 일상생활에서도 다양한 상징으로 활용되고 있습니다. 무지개의 가장 중요한 상징은 '평화'라고 할 수 있을 텐데요, 사랑하는 가족의 곁을 떠난 반려동물도 무지개다리를 건너 평화롭게 주인을 기다리고 있을 겁니다.

몽골에서는 무지개를 '솔롱고'라고 하고, 몽골 사람들은 대한민국을 '솔롱고스'라고 부릅니다. '무지개가 뜨는 나라'라는 뜻이지요. 이 말처럼 우리나라가 평화를 사랑하고 차별에 반대하며 서로 다른 문화와 다양성을 존중하는 '무지개의 나라'가 되었으면 좋겠습니다.

참고 문헌

21세기연구회, 『하룻밤에 읽는 색의 문화사』, 정란희 옮김, 예담, 2004.

T. A. 켄너, 『SYMBOLS: 세상의 비밀을 푸는 열쇠』, 윤상운 옮김, 서울문화사, 2006.

구미래, 『한국인의 상징 세계』, 교보문고, 2000.

김열규, 『상징으로 말하는 한국인, 한국 문화』, 일조각, 2013.

김종대, 『33가지 동물로 본 우리 문화의 상징 세계』, 다른세상, 2001.

김용직, 『문예비평용어사전』, 탐구당, 1989.

데이비드 폰태너, 『상징의 비밀』, 최승자 옮김, 문학동네, 1998.

루차 임펠루소, 『자연과 상징, 그림으로 읽기』, 심장섭 옮김, 예경, 2010.

리영순, 『동물과 수로 본 우리 문화의 상징 세계』, 훈민, 2006.

마빈 해리스, 『문화의 수수께끼』, 박종렬 옮김, 한길사, 2017.

마빈 해리스, 『음식 문화의 수수께끼』, 서진영 옮김, 한길사, 2018.

미란다 브루스 미트포트·필립 윌킨스, 『기호와 상징』, 주민아 옮김, 21세기북스, 2010.

미르치아 엘리아데, 『이미지와 상징』, 이재실 옮김, 까치, 1998.

미셸 크리스티안스, 『성서의 상징 50』, 장익 옮김, 분도출판사, 2002.

미셸 파스투로, 『서양 중세 상징사』, 주나미 옮김, 오롯, 2021.

미셸 파스투로, 『색의 비밀』, 전창림 옮김, 미술문화, 2003.

박영수, 『색채의 상징, 색채의 심리』, 살림, 2003.

박영수, 『유물 속의 동물 상징 이야기』, 내일아침, 2005.

서프라이즈정보, 『색깔의 수수께끼』, 김민경·한은미 옮김, 비채, 2006.

신동흔, 『살아 있는 한국 신화』, 한겨레출판, 2014.

에바 헬러, 『색의 유혹』, 이영희 옮김, 예담, 2002.

윤열수, 『신화 속 상상 동물 열전』, 한국문화재보호재단, 2010.

이어령, 『신화 속의 한국 정신』, 문학사상사, 2003.

이어령, 『한국인의 신화』, 서문당, 1996.

이어령 외, 『문화로 읽는 십이지신 이야기 뱀』, 열림원, 2011.

이어령 외, 『문화로 읽는 십이지신 이야기 양』, 열림원, 2012.

이어령 책임 편집, 『십이지신 토끼』, 생각의나무, 2010.

이윤기, 『길 위에서 듣는 그리스 로마 신화』, 작가정신, 2002.

이희수·이원삼 외, 『이슬람』, 청아출판사, 2001.

인간동물문화연구회 엮음, 『인간 동물 문화』, 이담북스, 2012.

자크 브로스, 『나무의 신화』, 주향은 옮김, 이학사, 2007.

자현, 『사찰의 비밀』, 담앤북스, 2014.

잭 트레시더, 『상징 이야기』, 김병화 옮김, 도솔, 2007.

저자 미상, 『중세 동물지』, 주나미 옮김, 오롯, 2017.

조르주 장, 『기호의 언어 : 정교한 상징의 세계』, 김형진 옮김, 시공사, 1997.

조셉 피어시, 『상징』, 임상훈 옮김, 새터, 2014.

조현설, 『신화의 언어』, 한겨레출판, 2020.

조현설, 『우리 신화의 수수께끼』, 한겨레출판, 2006.

지그문트 프로이트, 『토템과 터부』, 강영계 옮김, 지식을만드는지식, 2013.

진 쿠퍼, 『그림으로 보는 세계문화상징사전』, 이윤기 옮김, 까치, 1994.

친진기, 『한국동물민속론』, 민속원, 2003.

카를 융, 『인간과 상징』, 이윤기 옮김, 열린책들, 2009.

크리스토퍼 델, 『세계의 신화』, 정은아·민지현 옮김, 시그마북스, 2012.

토니 앨런, 『상징을 찾아서』, 김낭예·조현용·한정연 옮김, 도서출판 하우, 2015.

필립 윌킨슨·닐 필립, 『신화의 세계』, 김정희 옮김, 21세기북스, 2009.

하랄트 하르만, 『숫자의 문화사』, 전대호 옮김, 알마, 2013.

한국문화상징사전편찬위원회, 『한국문화상징사전 1』, 동아출판사, 1992.

한국문화상징사전편찬위원회, 『한국문화상징사전 2』, 동아출판사, 1995.

허균, 『궁궐 장식』, 돌베개, 2011.

허균, 『사찰 장식』, 돌베개, 2000.

허균, 『십이지의 문화사』, 돌베개, 2010.

허균, 『전통 문양』, 대원사, 1995.

이미지 정보

18면 Dmitry Rukhlenko www.shutterstock.com

21면 Antonio Batinic www.shutterstock.com

25면 Luc Emergo www.shutterstock.com

32면 Volodja1984 www.shutterstock.com

35면 Everett Collection www.shutterstock.com

45면 onlyfortruth commons.wikimedia.org

51면 Zvonimir Atletic www.shutterstock.com

58면 Sakdawut Tangtongsap www.shutterstock.com

61면 SajoR commons.wikimedia.org

69면 d_odin www.shutterstock.com

77면 NEKODA_J www.shutterstock.com

85면 elmar gubisch www.shutterstock.com

92면 Mcimage www.shutterstock.com

96면 itechno www.shutterstock.com

104면 Olesya Novozhilova www.shutterstock.com

111면 ONEVECTOR www.shutterstock.com

117면 Singhanart www.shutterstock.com

123면 Zwiebackesser www.shutterstock.com

130면 matrioshka www.shutterstock.com

134면 Isageum commons.wikimedia.org

141면 IZZ HAZEL www.shutterstock.com

148면 Jungkyu Lee www.shutterstock.com

153면 anastasiia agafonova www.shutterstock.com

161면 Liturgy commons.wikimedia.org

168면 vatar/편성재 commons.wikimedia.org

174면 Steve46814 commons.wikimedia.org

179면 delcarmat www.shutterstock.com

185면 Platinum Photographer www.shutterstock.com

185면 Gil C www.shutterstock.com

186면 Olga Bolbot www.shutterstock.com

191면 Jung Yunho commons.wikimedia.org

199면 Morphart Creation www.shutterstock.com

208면 Karl Hahn commons.wikimedia.org

213면 B.K. Mitra commons.wikimedia.org

219면 Ink Drop www.shutterstock.com

상징으로 보는 세상

초판 1쇄 발행 2023년 2월 24일

지은이 • 김낭예
펴낸이 • 강일우
편집 • 김나은
조판 • 이주니
펴낸곳 • (주)창비교육
등록 • 2014년 6월 20일 제2014-000183호
주소 • 04004 서울특별시 마포구 월드컵로12길 7
전화 • 1833-7247
팩스 • 영업 070-4838-4938 | 편집 02-6949-0953
홈페이지 • www.changbiedu.com
전자우편 • contents@changbi.com

ⓒ 김낭예 2023
ISBN 979-11-6570-200-7 43380